Dr. Erik Müller-Schoppen mit Bildern von Eva Kloss

Die FührungsKraft als Coach oder
Die Quadratur des Kreises

Dr. Erik Müller-Schoppen mit Bildern von Eva Kloss

Die FührungsKraft

Die als Coach

Quadratur des Kreises

Vollständig überarbeitete Neuauflage des Buches:
„Du kannst nur mit dem Herzen führen".

Bibliografische Information der Deutschen Nationalbibliothek
Die Deutsche Nationalbibliothek verzeichnet diese Publikation in der Deutschen
Nationalbibliografie; detaillierte bibliografische Daten sind im Internet über
www.dnb.de abrufbar.

Dieses Buch wurde mit freundlicher Unterstützung der Stiftung für Erziehung,
Bildung, Wissenschaft und Kultur realisiert.

www.EBWK-Stiftung.de

Neuauflage Mai 2014
© 2014 Texte: Dr. Erik Müller-Schoppen
© 2014 Fotos: Eva Kloss
© 2014 Icons: chudo-yudo – shutterstock.com

Herstellung und Verlag: BoD – Books on Demand, Norderstedt

Umschlaggestaltung: Eva Kloss
Satz und Layout: Eva Kloss

ISBN 978-3-7357-3647-5

Inhalt

Prolog

Aus der psychologischen Führungsfibel ist eine Coaching- und Führungsfibel geworden, konsequent auf bewusstes und konzentriertes Coaching gerichtet.

> „Die Physik erklärt die Geheimnisse der Natur nicht, sie führt sie auf tiefer liegende Geheimnisse zurück."
>
> *Carl-Friedrich von Weizäcker (Physiker)*

> „Der erste Trunk aus dem Becher der Naturwissenschaft macht atheistisch: aber auf dem Grund des Bechers wartet Gott."
>
> *Werner Heisenberg (Physiknobelpreisträger)*

Der Mensch neigt dazu die Realität zu verleugnen, sie in seinem Sinne „umzudichten". Heimlich fragt er sich doch, wie er das Leben führen soll und kann, und wer ihm dabei hilft.

Nur du selber kannst „es" tun! – sagen die Gurus und Recht haben sie.

Wir sollten jemanden finden, jedenfalls wäre es sehr hilfreich, der die Gegenwärtigkeit mit uns teilen kann.

Wir müssen lernen, mit Angst umzugehen; sie besiegen, letztlich die Frage beantworten lernen, wie soll ich das tun?

Der „normal Unerleuchtete" zeigt folgende Symptome: Unruhe, Sorgen, Ängstlichkeit, Nervosität, Spannung, Grauen, Phobien und so weiter. Wären wir im Hier und Jetzt, würden wir nicht schon wieder in der Zukunft schwadronieren, ergäbe sich zwischen Hier und Jetzt keine besorgnis-erregende, ängstigende Lücke.

Angst hat viele Ursachen zum Beispiel Angst vor Verlust, Angst vor Versagen, Angst vor Verletzung; letztendlich ist jede Angst die Angst des Egos vor dem Tod, vor der Vernichtung.

Menschliches Glück auf unbegrenzten, nicht enden wollenden Kommerz zu bauen, scheint spätestens seit der weltweiten Finanzkrise zweifelhaft.

Der Papst, der Dalai Lama werden zu Popstars der kontemplativen Lebensführung. Viele Menschen spüren, dass Geld nicht alles ist. Sie erwachen aus einem Traum der Verheißung, dass Glück in einem tieferen Sinne durch gesteigerten Luxus und Vergnügen zu erreichen sei.

Es wird erkannt, dass den bisherigen Zielen von „Sex, Drugs and Rock'n Roll" etwas Essentielles fehlt. Das allein dem Menschen zugängliche Gefühl der Kontemplativität ist abwesend, jene mehr oder minder bewusste Beschäftigung

> „mit Sinn- und Wertfragen des Daseins, mit der Welt und den Menschen und besonders der eigenen Existenz und deren Selbstverwirklichung im Leben".
>
> *Rudolf Sponsel*

Viele Menschen fühlen sich unbewusst in einer Zwickmühle. Einerseits wollen sie Harmonie, Frieden und Hilfsbereitschaft leben, was gerade die Deutschen bei jeder Naturkatastrophe beweisen, andererseits wissen sie, dass sie Egoismus, Ehrgeiz, Habgier leben müssen, um in dieser Weltwirtschaft bestehen zu können.

Wenn auch nicht wenige durch unbegrenztes Vergnügen ihrem Leben Sinn geben wollen, so erkennen Menschen zunehmend, dass es einen tieferen Sinn im Leben gibt, den viele in theistischen und auch nontheistischen Institutionen und Gruppierungen zu suchen beginnen.

Die Befriedigung von kurzfristigen Bedürfnissen scheint fragwürdig zu werden und viele Menschen suchen ihr Heil in der Befriedigung von solchen Bedürfnissen, die langfristig zu Wachstum, Glück und Frieden führen, ohne dabei andere Menschen zu schädigen oder auszunutzen.

Im Geschäftsleben ist Zeitmanagement zum Sinnbild der Sinnentleerung geworden. Ständig soll Zeit eingespart werden, um diese dann an zahlreiche Vergnügungen zu verschwenden. Ein weltweites Experiment, dem auch sogenannte Schwellenländer begeistert folgen, erprobt, ob der Mensch durch pure Lustbefriedigung glücklich, friedlich und human werden kann. Die Ergebnisse verneinen bisher diese Annahme und trotzdem ist ein Ende des Experimentes nicht abzusehen.

Die jüngste Finanzkrise zeigt wie sehr unsere Gedanken, Gefühle und unser Geschmack von der Werbung in den Massenmedien beeinflusst werden. Zwar spürt dies jeder, jeder kennt Werbeslogans à la „Bin doch nicht blöd", dennoch glaubt jeder es im Griff zu haben. Das Elend vieler Menschen, der Ruin vieler Unternehmen „muss" als wirtschaftliche Notwendigkeit in Kauf genommen werden.

Dennoch ging in der Finanzkrise ein Raunen durch die Welt, staatliche Stützmaßnahmen der Großindustrie und Banken, bisher das Folterinstrumentarium der Sozialisten, fanden Anwendung.

Tatsächlich scheint das Ziel der Politik: *„Wie nütze ich dem Menschen?"* überschattet zu werden durch das Ziel: *„Wie nutze ich dem wirtschaftlichen System".*

Die globalisierte Wirtschaft stellt uns erneut vor die Notwendigkeit, die Frage nach dem Sinn des Lebens zu beantworten. Die Ver**Antwort**ung des Menschen, die sich auf den Lebensfeldern menschlicher Existenz zeigt, nämlich der Ich-Du-Beziehung, dem Berufsleben und der Sinnfrage inkl. der ökologischen Frage, wie ich diese Welt hinterlasse, wird nur sehr zögerlich und unvollständig erkannnt.

Das Überleben der Menschheit hängt letzlich von der Antwort der Weltgemeinschaft auf die Frage nach dem Sinn menschlichen Lebens ab und genau auf diesem kontemplativen Lebensfeld tobt seit Jahren z.B. der Kampf unterschiedlicher Weltreligionen.

Autonomie bedeutet im Griechischen nicht die vordergründige, egozentrische Selbstverwirklichung, sondern das „Rechte" tun. Über die Menschenrechte kann man eben nicht abstimmen.

In endlosen Konferenzen, Resolutionen und Verhandlungen versuchen Politiker Lösungen zu finden, die an ihrer eigenen Selbstsucht und mangelnden Spiritualität scheitern. Es gibt scheinbar für Politiker, wie auch für Wirtschaftsführer, nur einen Lohn: „Das GELD".

Die großen Meister des Lebens, Buddha, Konfuzius, Jesus, Mohammed, Meister Eckard usw. antworten alle auf die mit dem Menschsein gegebene spirituelle Frage, ja sie haben ihr Leben dieser Frage gewidmet.

Eine der Kernessenzen dieser Antwort ist das Reflektieren des „Habens", „Immer-Mehr-Haben-Wollens".

Frage eines Reichen nach dem ewigen Leben

[18]Und es fragte ihn ein Oberster und sprach: Guter Meister, was muss ich tun, dass ich das ewige Leben ererbe?

[19]Jesus aber sprach zu ihm: Was heißest du mich gut? Niemand ist gut denn der einige Gott.

[20]Du weißt die Gebote wohl: „Du sollst nicht ehebrechen; du sollst nicht töten; du sollst nicht stehlen; du sollst nicht falsch Zeugnis reden; du sollst deinen Vater und deine Mutter ehren.".

[21]Er aber sprach: Das habe ich alles gehalten von meiner Jugend auf.

[22]Da Jesus das hörte, sprach er zu ihm: Es fehlt dir noch eins. Verkaufe alles, was du hast, und gib's den Armen, so wirst du einen Schatz im Himmel haben; und komm, folge mir nach!

[23]Da er aber das hörte, ward er traurig; denn er war sehr reich.

[24]Da aber Jesus sah, dass er traurig war geworden, sprach er: Wie schwer werden die Reichen in das Reich Gottes kommen!

²⁵Es ist leichter, dass ein Kamel gehe durch ein Nadelöhr, denn dass ein Reicher in das Reich Gottes komme.

²⁶Da sprachen, die das hörten: Wer kann denn selig werden?

²⁷Er aber sprach: Was bei den Menschen unmöglich ist, das ist bei Gott möglich.

²⁸Da sprach Petrus: Siehe, wir haben alles verlassen und sind dir nachgefolgt.

²⁹Er aber sprach zu ihnen: Wahrlich ich sage euch: Es ist niemand, der ein Haus verlässt oder Eltern oder Brüder oder Weib oder Kinder um des Reiches Gottes willen,

³⁰der es nicht vielfältig wieder empfange in dieser Zeit, und in der zukünftigen Welt das ewige Leben.

Lk. 9, 18-30

Die Tatsache menschlicher Spiritualität und damit der Möglichkeit „Kontemplativer Intelligenz", die in allen Weisheitsliteraturen aufblitzt, kann als eine Fähigkeit, eine Kapazität, eine selbst-zu-entblößende, selbst-zu-erweiternde und selbst-zu-entdeckende Fähigkeit beschrieben werden, die Möglichkeit menschlicher Transzendenz („Was das Auge nicht gesehen, noch das Ohr gehört hat" – *Oculus non vidit, nec auris audivit*) zu erkennen, zu entdecken, zu beurteilen und zu „handhaben" oder zu managen.

Die Weisheitsliteratur, insbesondere die großen religiösen Schriften des Christentums, des Buddhismus, des Judentums, sieht im Besitzen- und Haben-Wollen die Verhinderung der Hinwendung zu einem höheren und tieferen, transzendenten menschlichen Sein, in dem die Fragen nach dem Sinn und Glück und Frieden im menschlichen Leben Antworten jenseits einer lediglich auf äußeren Reizen beruhenden und nicht dauerhaften Befriedigung der Sinne finden.

Transzendenz (von lat. *transcendere* „übersteigen") bedeutet Überschreiten von Grenzen des Verhaltens, Erlebens und Bewusstseins, sowie das Sich-befinden jenseits dieser Grenzen. Religiösen und philosophischen Verständnissen vom Transzendenten ist gemeinsam, dass dieser Begriff eine Wirklichkeit bezeichnet, die das voraussetzungslos sinnlich Wahrnehmbare überschreitet.

Jesus und Buddha lehren, dass ein wahres menschliches Glück und eine tiefe Befriedigung und Glück nur ohne Anhaftungen an Besitz möglich sind.

> „Wenn immer man im Geist erwägt
> der Daseinsformen Auf- und Untergang,
> erlangt Verzückung man und Glück:
> Der Kenner nennt's das todlos Reich."
>
> *Buddha*

„Nur Dialekte ein und derselben Sprache?"

Der moderne Mensch sucht einen Wegweiser zu einer nicht-theistischen, auf Vernunft beruhenden und dennoch kontemplativen Lebensphilosophie.

Der Begriff Theismus (gr. θεός, *theós* „Gott") ist die Bezeichnung für die religiöse oder philosophische Überzeugung vom Dasein eines höchsten, überweltlichen, persönlichen Wesens (Gott), das die Welt erschaffen hat, erhält, regiert und somit einen ständigen Einfluss auf sie hat.

Die Freiheit, die der Mensch braucht, um ein sinnhaftes Leben führen zu können, wird durch Besitz eingeschränkt und verhindert, das ist die einhellige Meinung bei Jesus, Buddha oder dem genialen Mystiker des Mittelalters Meister Eckart.

Es gilt, nicht müde zu werden, die geheimen eigenen menschlichen Motive seines eigenen Tun und Lassens, die versteckten Regungen und Triebkräfte zu erkennen und zu analysieren, um die Ich-Sucht, den Verstand mit seinen Meinungen zu durchschauen, der letztlich das ubiquitäre Wissen abblockt, dass Besitz die Freiheit der Erkenntnis und des Handelns des Menschen einschränkt.

Diese Psycho-Logik ist nicht Selbstzweck, nicht die Lösung an sich, nur Weg zur Spiritualität, der Erkenntnis menschlicher Sinnhaftigkeit in der Transzendenz.

Spiritualität hat ein humanes Leben zum Thema, ein tätiges Leben, ein sich durch Entwicklung erneuerndes Leben, ein Liebe verströmendes Leben.

Es ist so immer das Gegenteil des durch Egozentrik und Egoismus gekennzeichneten Lebens, das sich durch Besitz und Haben sichern will, was nicht zu sichern ist.

Es geht um Ruhe, um Stille im Sinne der Wiederherstellung von Harmonie zwischen den Menschen und zwischen Mensch und Natur. Nichts soll zerstört werden. Nichts soll aufgebaut werden. Es ist die Ausrufung des Waffenstillstandes im dauernden Kampf des Menschen mit seiner Umgebung, der Natur und den Mitmenschen. Es ist die Befreiung von der Last, arbeiten zu müssen.

Kontemplative Intelligenz ist die Erkenntnis, dass der Mensch letztlich in der Unendlichkeit der Schöpfung und der Endlichkeit seiner eigenen Körperlichkeit und Vergänglichkeit keine Ziele verfolgen muss, außer zu sein. Dass er seine Kräfte auf die Erkenntnis dieser Tatsache konzentrieren, leben und lieben sollte.

[1]Worte Kohelets, des Davidsohnes, der König in Jerusalem war.

[2]Windhauch, Windhauch, sagte Kohelet, Windhauch, Windhauch, das ist alles Windhauch.

[3]Welchen Vorteil hat der Mensch von all seinem Besitz, für den er sich anstrengt unter der Sonne?

[4]Eine Generation geht, eine andere kommt. Die Erde steht in Ewigkeit.

[5]Die Sonne, die aufging und wieder unterging, atemlos jagt sie zurück an den Ort, wo sie wieder aufgeht.

[6]Er weht nach Süden, dreht nach Norden, dreht, dreht, weht, der Wind. Weil er sich immerzu dreht, kehrt er zurück, der Wind.

[7]Alle Flüsse fließen ins Meer, das Meer wird nicht voll. Zu dem Ort, wo die Flüsse entspringen, kehren sie zurück, um wieder zu entspringen.

[8]Alle Dinge sind rastlos tätig, kein Mensch kann alles ausdrücken, nie wird ein Auge satt, wenn es beobachtet, nie wird ein Ohr vom Hören voll.

[9]Was geschehen ist, wird wieder geschehen, was man getan hat, wird man wieder tun: Es gibt nichts Neues unter der Sonne.

[10]Zwar gibt es bisweilen ein Ding, von dem es heißt: Sieh dir das an, das ist etwas Neues – aber auch das gab es schon in den Zeiten, die vor uns gewesen sind.

[11]Nur gibt es keine Erinnerung an die Früheren und auch an die Späteren, die erst kommen werden, auch an sie wird es keine Erinnerung geben bei denen, die noch später kommen werden.

[12]Ich, Kohelet, war in Jerusalem König über Israel.

[13]Ich hatte mir vorgenommen, das Wissen daraufhin zu untersuchen und zu erforschen, ob nicht alles, was unter dem Himmel getan wurde, ein schlechtes Geschäft war, für das die einzelnen Menschen durch Gottes Auftrag sich abgemüht haben.

[14]Ich beobachtete alle Taten, die unter der Sonne getan wurden. Das Ergebnis: Das ist alles Windhauch und Luftgespinst.

AT Kohelet

Das Buch Kohelet (auch Prediger Salomo oder Ekklesiastes genannt) ist eine Schrift der Bibel. Es handelt sich um eine Sammlung von Weisheitssprüchen, praktischen Lebensratschlägen und Warnungen vor falscher Lebensweise.

So neben her und by the way findet man dieses Begehren an vielen Stellen, so im Songtext zu Mensch von Herbert Grönemeyer:

Momentan ist richtig
Momentan ist gut
Nichts ist wirklich wichtig
Nach der Ebbe kommt die Flut …

Herbert Grönemeyer

Kontemplative Intelligenz ist das Spüren der Lebensfreude, der Freude über das Selbstsein, die Freude an der Schöpfung. Kontemplative Intelligenz ist das Spüren der Zeitlosigkeit, das Gefühl, dass die Zeit besiegt ist, das Gefühl der Furcht-Losigkeit, das Gefühl Los-gelassen-zu-haben. Kein Haben, kein Besitz, keine Traurigkeit oder Melancholie trübt diese Freude und diesen Frieden. Dies ist das Gegenteil des sonst so verbreiteten „Von-sich-weglaufens", des sinnlosen Konsumierens und oberflächlichen Vergnügens.

Kontemplative Intelligenz ist die Antizipation des Lebens ohne des Haben-wollens, eines Lebens, in dem Besitz ohne Bedeutung ist, eines Lebens, in dem Angst und Aggression überwunden sind. Es ist eine Vision und handlungs-leitende Einstellung, dass Gier und Hass nicht gelebt werden müssen.

Kontemplative Intelligenz ist die Fähigkeit die Zukunft, die Harmonie in der Menschheit vorwegzunehmen. Sie ist Ungebundenheit von Besitz. Sie ist der Protest, Götzen zu folgen, die immer nur das Werk von Menschenhand sind. Das Neue Testament setzt die Revolution des Alten Testament gegen eine Negation der Spiritualität im Leben fort. Sie ist uneingeschränkte Solidarität mit allen Menschen, vor allem der Armen und Unterdrückten.

Kontemplative Intelligenz ist die Ethik des Seins, des Teilens, der Solidarität. Es ist der Verzicht auf die eigenen Rechte.

³⁹Ich aber sage euch: Leistet dem, der euch etwas Böses antut, keinen Widerstand, sondern wenn dich einer auf die rechte Wange schlägt, dann halt ihm auch die andere hin.

⁴⁰Und wenn dich einer vor Gericht bringen will, um dir das Hemd wegzunehmen, dann lass ihm auch den Mantel.

⁴¹Und wenn dich einer zwingen will, eine Meile mit ihm zu gehen, dann geh zwei mit ihm.

⁴²Wer dich bittet, dem gib, und wer von dir borgen will, den weise nicht ab.

MT 5,39-42

Es ist die Forderung, seine Feinde zu lieben.

⁴⁴Ich aber sage euch: Liebt eure Feinde und betet für die, die euch verfolgen,

⁴⁵damit ihr Söhne eures Vaters im Himmel werdet; denn er lässt seine Sonne aufgehen über Bösen und Guten, und er lässt regnen über Gerechte und Ungerechte.

⁴⁶Wenn ihr nämlich nur die liebt, die euch lieben, welchen Lohn könnt ihr dafür erwarten? Tun das nicht auch die Zöllner?

⁴⁷Und wenn ihr nur eure Brüder grüßt, was tut ihr damit Besonderes? Tun das nicht auch die Heiden?

⁴⁸Ihr sollt also vollkommen sein, wie es auch euer himmlischer Vater ist.

MT 5, 44-48

Das AT wird an Radikalität überschritten.

Du sollst deinen Nächsten lieben wie dich selbst; denn ich bin der HERR.

AT. Lev 19, 18

Es geht darum, das Leben, das spirituelle Leben, als einen beständigen Protest gegen ein Haben zu leben.

Spiritualität ist gelebte Solidarität, so wie es in frühchristlichen Gemeinden gelebt wurde, wo Besitz immer ein gemeinschaftliches Besitzverhältnis war.

Die christlich begründete Solidarität soll sowohl im immateriellen, wie auch im materiellen Bereich gelten. So enthält die Bergpredigt von Jesus Christus folgende materielle Forderung: „Wer dich bittet, dem gib, und wer von dir borgen will, den weise nicht ab." Es ist ein Leben ohne gelebte Habgier und Verlangen nach Besitztümern.

Psychologisch ausgedrückt ist es der radikale Verzicht auf das unbewusste „Gehen-lassen", das Ausleben der „Neurose", das Durchsetzen der eigenen Rechte (dem der Mangel an Gemeinschaftsgefühl zugrunde liegt; nach A. Adler). Es ist die Aufgabe, aller Selbstsucht, allen Forderungen an den „Anderen", dem Sammeln und dem Geiz entgegen zu treten."

[19]Sammelt euch nicht Schätze hier auf der Erde, wo Motte und Wurm sie zerstören und wo Diebe einbrechen und sie stehlen,

[20]sondern sammelt euch Schätze im Himmel, wo weder Motte noch Wurm sie zerstören und keine Diebe einbrechen und sie stehlen.

[21]Denn wo dein Schatz ist, da ist auch dein Herz.

[22]Das Auge gibt dem Körper Licht. Wenn dein Auge gesund ist, dann wird dein ganzer Körper hell sein.

[23]Wenn aber dein Auge krank ist, dann wird dein ganzer Körper finster sein. Wenn nun das Licht in dir Finsternis ist, wie groß muss dann die Finsternis sein!

[24]Niemand kann zwei Herren dienen; er wird entweder den einen hassen und den andern lieben oder er wird zu dem einen halten

und den andern verachten. Ihr könnt nicht beiden dienen, Gott und dem Mammon.

25Deswegen sage ich euch: Sorgt euch nicht um euer Leben und darum, dass ihr etwas zu essen habt, noch um euren Leib und darum, dass ihr etwas anzuziehen habt. Ist nicht das Leben wichtiger als die Nahrung und der Leib wichtiger als die Kleidung?

26Seht euch die Vögel des Himmels an: Sie säen nicht, sie ernten nicht und sammeln keine Vorräte in Scheunen; euer himmlischer Vater ernährt sie. Seid ihr nicht viel mehr wert als sie?

Mt 6, 19-26

33Verkaufet, was ihr habt, und gebt Almosen. Machet euch Beutel, die nicht veralten, einen Schatz, der nimmer abnimmt, im Himmel, da kein Dieb zukommt, und den keine Motten fressen.

34Denn wo euer Schatz ist, da wird auch euer Herz sein.

Lk 12, 33ff

Spiritualität (v. lat.: *spiritus* = Geist, Hauch bzw. *spiro* ich atme) bedeutet im weitesten Sinne Geistigkeit und kann eine auf Geistiges aller Art oder auf *Geistliches* in spezifisch religiösem Sinn ausgerichtete Haltung meinen. Spiritualität im spezifisch religiösem Sinn steht dann auch immer für die Vorstellung einer geistigen Verbindung zum Transzendenten, dem Jenseits oder der Unendlichkeit.

Mit religiösen Vorstellungen von einer Seele, z. T. mit Jenseitserwartungen verknüpft, umfasst „Geist" die oft als spirituell bezeichneten Annahmen einer nicht an den leiblichen Körper gebundenen, nur auf ihn einwirkenden, reinen oder absoluten, transpersonalen oder gar transzendenten Geistigkeit, die als von Gott geschaffen oder ihm wesensgleich, wenn nicht sogar mit ihm identisch gedacht wird.

Materie an sich gibt es nicht, es gibt nur den belebenden, unsichtbaren, unsterblichen Geist als Urgrund der Materie (...) mit dem geheimnisvollen Schöpfer, den ich mich nicht scheue, Gott zu nennen.

Max Planck

Weil sich so revolutionäre Gedanken nicht in der Realität durchsetzen, wurde Kirche der Ersatz in der Welt für die neue zukünftige Welt. **Im Christentum dienen Kirchen als Ersatzbühnen für die Durchsetzung des „neuen" Zeitalters der Liebe.** Auf jedem christlichen Kirchentag zeigt sich die Sehnsucht der Menschen, ihr Leben auf den Prinzipien der Spiritualität bauen zu können, auf den Prinzipien des „Nicht-Habens" als Voraussetzung des wahren Lebens.

Besitz sollte, so die frühchristliche Logik und nicht nur diese, dem Menschen dienen!

Voraussetzung für innere – also wahre – Armut ist die Erkenntnis nichts zu wollen, nicht an immer vergänglichen Meinungen und Wissen zu hängen, nichts zu haben.

Übliche Werte wie Karriere, Geld, ein möglichst befriedigendes Sexualleben, harmonische Familie, Akzeptanz im Freundeskreis usw. verlieren für bewusster lebende Menschen an Bedeutung. Es beginnt für sie dann eine unruhige, nachdenkliche Suche nach etwas Anderem, einen höheren Lebenssinn, etwas, das über das normale und übliche Leben hinausgeht. Das bisherige Leben wird in Frage gestellt und die Interessen verschieben sich zu Gunsten von Themen, die spirituell, esoterisch, religiös, philosophisch oder auch psychologisch sind.

In der Ego-Werdung zu Beginn des Lebens baut der Mensch eine Ich-Identität und Persönlichkeit auf, Spiritualität spielt im Allgemeinen keine Rolle. Er nimmt soziale Rollen an und entdeckt seine individuellen Eigenschaften und Interessen, die ihn von anderen unterscheiden. Er entwickelt klare Vorstellungen vom Leben und sich selbst.

Der Ego-Werdungsmensch entdeckt aber nicht nur seine individuellen Wünsche, körperlichen und emotionalen Bedürfnisse und Interessen, er versucht sie auch aktiv im Leben zu verwirklichen. Er geht wie die Märchenhelden hinaus in die Welt, um sich dort das „Seine" zu erobern. Der Ich-Mensch sucht, findet und verwirklicht seinen Platz im Leben und in der Gesellschaft, mehr oder weniger erfolgreich. Wie gut ihm das gelingt, ist in kontemplativer Sicht sekundär. Entscheidend ist die persönliche Ausrichtung und die ist nicht spirituell, sondern ich-betont.

Nach der Ich-Werdung kommt nun für bewusster lebende Menschen die Phase der Selbst-Werdung, die Spiritualität in das Leben einfließen lässt und eine stärker spirituelle Lebensausrichtung mit sich bringt; tiefe Ruhe, Harmonie und innerer Frieden im Leben entfalten sich.

Charakteristika nicht-kontemplativen Lebens sind:

- Selbst auferlegte Einsamkeit.
- Geistesabwesenheit.
- tiefe innere Unruhe.
- Verunsicherung.
- Lebenssituationen scheinen plötzlich eine andere Qualität zu haben.
- Menschen fühlen sich unbefriedigt und rastlos, gefangen in einem Leben, das uninteressant scheint.
- Suche nach Erfüllung.
- Vermeidung von Dingen, die runterziehen.
- Krieg der Egos, wenn Partner in Beziehungen zu fordernd sind und vom anderen verlangen, in seiner Welt aufzugehen oder für seine Aktivität dauernd verfügbar zu sein.
- tiefe Erschöpfung.
- tiefe Skepsis.
- eine Welt der Sicherheit um sich herum erbauen zu wollen.
- Ersatzbeschäftigung suchen.

- von der Arbeit aufgefressen werden.
- die Frage nach dem „Weshalb", weshalb das Streben nach materieller Sicherheit.

Es ist die Geburt der Lebensfreude, die aus der Asche der Gier, Habsucht und des Egoismus, der Ich-Sucht, des Egos auftaucht. Es ist die Loslösung von einem Willen, der nach dem „Immer-Mehr" giert. Das Ziel heißt „Aufklärung – Ertappen – Erwachen – Bewusstwerden".

Erkennen setzt keinen Gedanken hinzu. Auch die selbstlose Liebe will nicht haben, kommt ohne Verlangen aus.

> [3]Und wenn ich alle meine Habe den Armen gäbe und ließe meinen Leib brennen, und hätte der Liebe nicht, so wäre mir's nichts nütze.
>
> [4]Die Liebe ist langmütig und freundlich, die Liebe eifert nicht, die Liebe treibt nicht Mutwillen, sie blähet sich nicht,
>
> [5]sie stellet sich nicht ungebärdig, sie suchet nicht das Ihre, sie lässt sich nicht erbittern, sie rechnet das Böse nicht zu
>
> [6]sie freut sich nicht der Ungerechtigkeit, sie freut sich aber der Wahrheit;
>
> [7]sie verträgt alles, sie glaubet alles, sie hoffet alles, sie duldet alles.
>
> *Das Hohe Lied der Liebe*

Das Ego denkt sich Besitz, Rituale, gute Taten, ewige Grabsteininschriften, Wissen, Gedanken aus, die es dann „hat" und verteidigt, die das Sein verhindern. Es ist nicht die Selbstverwirklichung, die gehindert wird, denn die gehört ja selbst zum „Haben".

Gelebte Spiritualität ist Leben, Erneuerung, Fließen, Strömen, immer „neue" Geburt.

Spiritualität heißt, seinen Anlagen, seinen Talenten, dem Reichtum menschlicher Gaben Ausdruck verleihen zu können. Dazu bedarf es der Unabhängigkeit, Freiheit und des Vorhandenseins und des Auslebens kritischer Vernunft im Sinne Kants.

Es ist ein Wachsen und sich Entwickeln-Können, sich dadurch Erneuern-Können, das Ego transzendieren können.

Die Illusion der „Krücken" einer vermeintlichen Sicherheit des Besitzes verhindert, aus eigener Kraft das Sein zu erproben, den Kern kontemplativer Existenz.

Spiritualität ist eine Sache des Geistes, ein Konzept häufig, aber nicht notwendigerweise gebunden an eine geistige Welt, einer mehrdimensionalen Wirklichkeit und eines göttlichen Geistes.

Geistige/geistliche Fragen betrachten die äußerste Natur der Menschheit und dessen Zweck, nicht als materielle biologische Organismen.

Gemäß der Philosophie der Spiritualität setzt Geist eine eigene Welt voraus oder bewohnt eine Welt in sich selbst; diese Welt wird die geistige Welt genannt. Die geistige Welt ist die Hauptwelt, und davon kommen alle anderen Welten. Diese Welt ist von unserer „materiellen" Welt unabhängig. Beide Welten wirken die ganze Zeit aufeinander, aber sind von einander unabhängig.

Die spirituelle Philosophie versichert, dass wir, in erster Linie, geistige Wesen sind, die provisorisch im physischen Bereich mit einem Zweck leben.

Der geteilte Glaube besteht darin, dass das menschliche Bewusstsein, oder die Seele, sich fortsetzt, über den physischen Körper hinaus zu bestehen. Deshalb wird Leben als eine dauernde Lernerfahrung definiert, die durch einen Lehrplan geregelt ist, der seit Perioden im physischen Bereich bis zu solcher Zeit ruft, dass wir genug Lektionen gelernt haben, um zu einer geistigen Existenz in der Geistigen Welt zu graduieren. In Anbetracht dieser Perspektive stützt Spiritismus den Begriff einer geistigen Evolution, die

die Idee unterstützt, dass die Elemente des physischen und geistigen Bereichs miteinander verbunden werden und unaufhörlich das entwickeln. Viele glauben, dass es das ist, wohin der Geist geht, nachdem sie den Tod erreicht haben.

Auch die moderne Physik sieht dieses ganz ähnlich, wenn der Nobelpreisträger Erwin Schrödinger sagt: „Es sind die gleichen Gegebenheiten, aus denen mein Geist und die Welt gebildet sind. Die Lage ist für jeden Geist und seine Welt die gleiche, trotz der unermesslichen Fülle der „Querverbindungen" zwischen ihnen. Die Welt gibt es für mich nur einmal, nicht eine existierende und eine wahrgenommene Welt. Subjekt und Objekt sind nur eines. Man kann nicht sagen, die Schranke zwischen ihnen sei unter dem Ansturm neuester physikalischer Erfahrungen gefallen, denn diese Schranke gibt es gar nicht."

„Und nun halten wir dem gegenüber, dass Bewusstsein dasjenige ist, wodurch diese Welt allererst manifestiert wird, ja wir dürfen ruhig sagen, allererst vorhanden ist, dass die Welt aus Bewusstseinselementen besteht."

„Der Geist baut die reale Außenwelt der Naturphilosophie (wie auch des Alltags) ausschließlich aus seinem eigenen, d.i. aus geistigem Stoffe auf."

Zusammengetragen von Jörg Starkmuth.
Die Entstehung der Realität 2009/9 S5

Die Lösung des Buddha: Die Vier Edlen Wahrheiten.

Die Vier Edlen Wahrheiten bilden den Kern und die Grundlage von Buddhas Lehre. Sie sind Gegenstand seiner ersten Lehrrede, der Predigt von Benares.

Die vier Edlen Wahrheiten lauten:

• Das Leben im Daseinskreislauf ist leidvoll.
    – Geburt ist Leiden.
    – Altern ist Leiden.

- Tod ist Leiden.
- Kummer, Lamentieren, Schmerz und Verzweiflung sind Leiden.
- Gesellschaft mit dem Ungeliebten ist Leiden.
- Das Gewünschte nicht zu bekommen ist Leiden.
• Die Ursachen des Leidens sind Begehren, Abneigung (negatives Begehren) und Unwissenheit (über die Natur des Leidens).
• Durch das Erlöschen der Ursachen erlischt das Leiden.
• Zum Erlöschen des Begehrens (und damit des Leidens) führt der „Edle Achtfache Pfad":
  - rechte Sicht
  - rechte Entschlossenheit
  - rechtes Reden
  - rechtes Handeln
  - rechter Lebensunterhalt/-erwerb
  - rechtes Bemühen
  - rechte Aufmerksamkeit/Achtsamkeit
  - rechte Konzentration.

Wenn die Menschen anerkennen, was ihnen zeitweise bewusst ist, dass sie leiden, dass sie die Ursachen für dieses Leiden kennen und die Möglichkeiten wissen, dieses Leiden zu überwinden, werden sie ihre Lebenspraxis umstellen, eine Lebenspraxis anstreben, die jene ökonomischen Bedingungen und politischen Vorrausetzungen verändert, welche zur Unterstützung ihrer Gier führen, sie zu Gefangenen ihrer Gier, Habgier, ihres Geizes und ihrer selbstgeschaffenen „Dinge" machen. Es genügt nicht in die tieferen Zusammenhänge Einsicht zu haben, solange der Mensch an seiner Lebensweise festhält, solange er sich nicht von ihr trennt, ihre Gunst weiterhin akzeptiert und die Risiken und Schmerzen scheut, die mit solchen konkreten Schritten zur Unabhängigkeit verbunden sind.

Buddha ist klar geworden, dass jegliches Anhaften an irgendetwas im Bereich von Geist und Materie Leiden hervorruft. Die wahrhaftige Existenz von Leiden muss in jedem Moment der Existenz als Aspekt des Lebens akzeptiert werden, selbst angesichts des friedlichsten, feinsten, angenehmsten aber eben immer doch vergänglichen Augenblicks. Selbst die angenehmste Empfindung ist Leiden, weil vergänglich.

Die Wahrheit vom Entstehen des Leidens ist das Verlangen, „sind Begehren, Abneigung (negatives Begehren) und Unwissenheit (über die Natur des Leidens)". Diese zweite Edle Wahrheit stellt fest, dass Leiden, innere Unruhe, Aufregung durch Verlangen, Haben-Wollen entsteht. Es ist das Verlangen nach Sinnesfreuden, nach jeglicher Form des Daseins, nach Überleben, nach Existenz, nach Miterleben, nach „der" Befreiung, die zu genießen ist. Erst die Auslöschung jeglichen Verlangens bei jedem menschlichen „Schritt" und das Entfernen der Wurzeln bringt die Lösung.

In der vierten Edlen Wahrheit beschreibt der Buddha den Weg zur Auslöschung des Leidens. In der Essenz geht es darum, die Tatsache des Leidens zu akzeptieren, zu verstehen wie Leiden entsteht und den Pfad zur Auslöschung zu gehen. Jede der Wahrheiten muss erlebt oder erfahren werden, damit sie Wirklichkeit wird. Zuerst muss die Tatsache des Leidens, der Aufregung als Folge des Verlangens überhaupt vom Ego akzeptiert werden. Solange der Mensch glaubt, er wäre glücklich, wird er nie Anstrengungen unternehmen, wirklich Glück zu erwerben – genauso wenig wie ein Mensch einen begehrten Gegenstand kaufen und für ihn einen hohen Preis bezahlen würde, wenn er ihn schon besitzt.

Es ist eine Metapher für sein illusionäres Verhalten, er kauft sich ständig Dinge, die ihn angeblich glücklich machen, muss aber ständig die nötige Dosis zum Glücklichsein erhöhen. Das lediglich intellektuelle Wissen um sein Leiden und dessen Ursachen ist sein Ausgangspunkt zum Glück. Der zweite Schritt ist, dass er nicht glaubt und deshalb erfahren muss, dass es nichts im Leben gibt, was frei von Leiden ist. Es muss jetzt nach diesen Erkenntnissen, dass es Leiden gibt, dass es überall im menschlichen Leben auftaucht, das Verlangen und damit die Entstehung von Leiden gelöscht werden.

Letztlich muss die vollständige Auslöschung von Leiden erfahren werden, dann ist man am Ziel. Man kann es systemisch nennen, was Buddha beschreibt, da schon die Erkenntnis, das Leben Leiden ist, die zweite Wahrheit beinhaltet; das Verlangen dazu führt, dass Verlangen gelöscht werden muss und dass dies wiederum schon die Erkenntnis der Ursachen für Leiden beinhaltet, dass Verlangen gelöscht werden muss, usw. So sind die Edlen Wahrheiten stets miteinander verknüpft. Auch die dritte Edle Wahrheit, dass es jenseits von Geist und Materie etwas gibt, muss letztlich erfahren werden.

Der Mensch muss die bloße Philosophie, das bloße Verstehen verlassen, dass es Leiden gibt, dass es eine Ursache des Leidens gibt, dass es die Auslöschung des Leidens gibt, dass es einen Weg gibt, das Leiden in seinen Wurzeln zu löschen. Er muss es erfahren.

Unternehmenskultur – Identität eines Unternehmens oder: Die Leitlinien der Führung und des Managements

Unternehmenskultur und Corporate Identity

Die Unternehmenskultur und die Corporate Identity erweisen sich als zunehmend wichtigere Wettbewerbsvorteile, da sie schwieriger zu imitieren sind als z. B. Produkte und Dienstleistungen.

Corporate Identity ist eine bedeutende Fragestellung im strategischen Marketing: Wie präsentiert sich ein Unternehmen als Ganzes gegenüber der Außenwelt und nach innen gegenüber den Mitarbeitern? Die Corporate Identity (CI, Unternehmensidentität) mit ihren drei Teilaspekten Corporate Communication (CC), Corporate Design (CD) und Corporate Behaviour (CB) entwickelt ein einheitliches, prägnantes Erscheinungsbild des Unternehmens mit Außen- und Innenwirkung. Sie zu imitieren wäre aberwitzig, als ob man einen Lebenslauf abschreiben würde.

Jedes Unternehmen ist immer auch ein Unternehmen, das sich durch seine Führung darauf vorbereiten muss, seine neuen Möglichkeiten zu erschließen und Probleme kreativ zu lösen. Die Unternehmungskultur ist kein Selbstzweck und hat das Ziel, den Mitarbeiten und Mitarbeiterinnen Richtung und damit Sinn für ihr Verhalten zu vermitteln. Die Unternehmenskultur ist die Gesamtheit:

- der Wertvorstellungen
- der Traditionen
- der Mythen
- der Normen
- der Denkhaltungen, die in der Unternehmung vorherrschen.

Deren Darstellung, z. B. in einer Unternehmensfibel, einem Buch, das jeder Mitarbeiter erhält, und die Vermittlung, z. B. in Vorträgen der Führung, sind besonders wichtige Formen der Tradierung der Unternehmenskultur und Identitätsbildung. „Vereinsamte" Spruchsammlungen à la „Der Mensch steht bei uns im Mittelpunkt …" in Glanzpapier-Flyern reichen nicht. Der Aufbau einer Unternehmenskultur bedarf eines langen Zeitraums, die Zerstörung derselben oft nur kurze Zeitspannen.

Die Unternehmenskultur eines Unternehmens wird durch zwei Faktoren wesentlich bestimmt:

• das Vorbild der Unternehmensführung,
• die Vision der Unternehmensführung.

Auch hier muss vorgelebt und dies vermittelt werden. Dies kann durch Coaching, Supervision, Fort- und Weiterbildung geschehen.

Warum Unternehmenskultur?

Wenn einem Gärtner die Gründe genannt werden, warum er etwas tun soll, wird er es besser verstehen. Wenn man ihm also sagt, dass er den Schlossgarten von Versailles verschönert und nicht nur Blumenzwiebeln einpflanzt, dann versteht er besser.

Die Ebenen der Unternehmenskultur sind also die Wertvorstellungen und Prinzipen der Führungskräfte und schließlich – durch Vermittlung in Coaching, Supervision und Fort- und Weiterbildung – die der Mitarbeiter und Mitarbeiterinnen.

Wertvorstellungen, die die Unternehmensführung einer Unternehmung den Mitarbeitern und Mitarbeiterinnen vorleben kann:

• Innovationsfreudigkeit
• Entscheidungsfreudigkeit
• Risikoneigung

- Flexibilität
- Integrität
- Loyalität
- Kommunikationsfreudigkeit

Eine Krux ist, dass die Unternehmenskultur ihre Wurzeln in der Vergangenheit des Unternehmens hat, sich jedoch zukunftsverpflichteten Strategien anpassen muss.

Die funktionale Perspektive der Unternehmenskultur ist ihre Orientierungshilfe:

- für die Wahrnehmung der im Unternehmen ablaufenden Prozesse,
- für unternehmerisches Denken,
- für das Handeln der Unternehmensführung.

Eine weitere Perspektive der Unternehmenskultur ist ihr möglicher pluralistischer Entstehungsprozess.

Welche Kriterien bestimmen die gewachsene Unternehmenskultur der Führungskräfte eines Unternehmens?

Die Antwort ist gleichzeitig eine Checkliste und Richtschnur für aktuelle Entscheidungen der Führung eines Unternehmens.

Leuchtturmblick-Fähigkeit oder Helicopter View

Strategisches Denken, eine der Fähigkeiten einer herausragenden Führungskraft schließt die Helicopter View-Sichtweise mit ein, ist die Topqualifikation eines Coaches. Abstrahieren und plastisch werden können, das Große und Ganze sehen können, in Visionen denken können und deren Umsetzung operativ begreifen und erfassen können sowie herausragende Menschenkenntnis sind die Kompetenzen von Führungskräften und Coaches. Probleme im Kontext, im System, in Bezug zur Vergangenheit, Gegenwart und Zukunft sehen zu können, beschreibt diese Kompetenz. Ohne einen hohen Bildungsgrad ist diese Kompetenz nicht vorhanden. Viele andere schöne geradezu lyrische englische Bezeichnungen beschreiben diese Kompetenz wie *"peripheral vision" or "breadth of vision" or "power of anticipation" or "clarity of purpose"*.

- Wie weit sehen die Führungskräfte und Coaches über den unmittelbaren Verantwortungsbereich hinaus?
- Inwieweit ist bei ihnen das Gesamtinteresse bei ihren Entscheidungen im Kalkül?
- Sind sie zu Empathie und übergeordneter Sichtweise der vorgesetzten Entscheider in der Lage?
- Wird die Entscheidungsbasis der Konkurrenz mit einbezogen?
- Sind die Führungskräfte proaktiv hinsichtlich der Vorteile der Stakeholder?
- Wird Innovationsfähigkeit als lohnenswerte Eigenschaft gesehen?
- Sind die Interessen der Kunden „unsere" Interessen?
- Machen wir unsere Kunden zu Botschaftern des Unternehmens?
- Haben der Kunde und seine Wertsteigerung unsere Priorität 1?
- Übertreffen wir regelmäßig unsere Service-Normen?
- Macht die Unternehmensleitung die Führungskräfte sicher und stärkt sie in schwierigen Lagen durch regelmäßige informelle Zuwendung?
- Sind „Wir" rasch, sicher und unbeirrt im Angesicht der Zufälligkeiten des Lebens?
- Kontrollieren „wir" um zu loben (loben um zu kontrollieren)?
- Wird Loyalität im Rahmen der ethischen Grenzen in der Unternehmung sichtbar belohnt?

Vision/Mission/Mission Statement und Human Ressource Management als Bestandteile einer Unternehmenskultur

Our Vision

Mission and Vision (Mecedes-Benz Indonesia)

"To be the Number 1 in Quality, Image and Profitability in the Automotive Sector in Indonesia

Our Mission

To delight our customers in everything we are doing.

To continually improve the effectiveness of our Quality Management System and our business processes.

To continually improve the quality of our products and services.

To have a team-oriented and open minded corporate culture involving employees through leadership and individual acceptance of delegated responsibility

To be aware of our environment.

To have a professional relationship with our business partners."

"What is the **mission statement** of Mercedes?

Answer:

We invented the automobile – now we are passionately shaping its future. As a pioneer of automotive engineering, we feel inspired and obliged to continue this proud tradition with groundbreaking technologies and high-quality products.

Our philosophy is clear: we give of our best for customers who expect the best – and we live a culture of excellence that is based on shared values. Our corporate history is full of innovations and pioneering achievements; they are the foundation and ongoing stimulus for our claim to leadership in the automotive industry.

The principle of sustainable mobility underlies all of our thoughts and actions. Our goal is to successfully meet the demands of future mobility. And in doing so, we intend to create lasting value – for our shareholders, customers and workforce, and for society in general."

Source: http://ar2007.daimler.com/cgi-bin/show.ssp?companyName= daimler&language=English&report_id=gb-2007&id=2001

Eine unternehmerische Vision als Teil der Unternehmenskultur ist kein Ziel. Eine unternehmerische Vision reicht weiter, sie geht tiefer als eine Strategie. Welche Aufgabe hat eine Vision als Teil der Kultur? Sie gibt die Richtung an, sie vermittelt Sinn. Sie muss den Verstand fesseln und das Herz der Mitarbeiter und Mitarbeiterinnen ansprechen. Sie muss auf Prinzipien und Werten beruhen.

Die Vision hat immer einen bildenden Charakter. Bildung (von ahd. *bildunga* „Schöpfung, Bildnis, Gestalt") bezeichnet die Formung des Menschen im Hinblick auf sein „Menschsein", seine geistigen Fähigkeiten. Der Begriff bezieht sich sowohl auf den Prozess („sich bilden") als auch auf den Zustand („gebildet sein"). Bildung umschreibt das bewusste, reflektierte Verhältnis zu sich, zu anderen und zur Welt.

Es ist deshalb Aufgabe des HRM (Human Ressource Management) als zentralem Bestandteil der Kultur eines Unternehmens, Mitarbeitern und Mitarbeiterinnen diesen Rahmen für die Zukunft dem Verständnis aller Mitarbeiter nahe zu bringen. Dies geschieht durch Respekt und Wertschätzung der Führungskräfte gegenüber den Mitarbeitern und Mitarbeiterinnen und durch die Maßnahmen selbst, wie Coaching, Supervision und Seminare. Die Grundlagen des unternehmerischen Erfolges sind:

- Preis,
- Qualität,
- Service,
- Zeit,
- Sortiment,
- Mitarbeiter.

Human Resource Management (HRM) hat, die zentrale Rolle im Rahmen eines Unternehmens verdient, die es zu identifizieren und genauer zu bestimmen gilt.

Es geht um den festen Willen, die Mitglieder des Unternehmens in den Mittelpunkt zu stellen, aber eben auch die Elite des Unternehmens. **Elite** (urspr. vom lateinischen *electus*, „ausgelesen") bezeichnet eine Gruppierung tatsächlich überdurchschnittlich qualifizierter Personen *(Funktionseliten, Leistungseliten)*, die dem Ganzen verpflichtet und an ihrem hohen Gemeinschaftsgefühl erkennbar sind.

Ziel des HRM als zentralem Punkt der Unternehmenskultur ist es natürlich auch Wettbewerbsvorteile zu erreichen, Wettbewerbsvorteile durch systemisch-konzertierte Maßnahmen in den Bereichen:

- Auswahl,
- Einsatz,
- Zusammenarbeit,
- Entgeltsysteme,
- Aus- und Weiterbildung,
- Motivation der Mitarbeiter und Mitarbeiterinnen durch Führung.

Das Ziel des HRM ist es, zufriedene, engagierte, proaktive Mitarbeiter zu entwickeln, die Botschafter des Unternehmens sind.

Dieses verlangt ein lebenslanges Weiter- und Ausbilden, mit dem Ziel kontinuierlicher Optimierung der Geschäftsprozesse.

Die Quintessenz ist die Lernfähigkeit eines Unternehmens.

Je besser die Vision von den Vorgesetzen jeder Ebene vorgelebt und von den Mitarbeitern und Mitarbeiterinnen akzeptiert wird, desto mehr wird sie zu einer Quelle der Motivation für alle.

Die Aufgabe des HRM ist, den Mitarbeiter und Mitarbeiterinnen das Gefühl zu vermitteln, dass sie für eine Unternehmung arbeiten, für die es sich lohnt, sich einzusetzen.

In Unternehmen, in denen dies nicht der Fall ist, oder die von Kritikern so beurteilt werden, muss zumindest der Kernauftrag der Unternehmung den Mitarbeitern und Mitarbeiterinnen immer wieder vermittelt werden.

Mögliche Maßnahmen zur Optimierung der schon bestehenden Unternehmenskultur

Die Verbreiterung der Basis einer schon bestehenden Kultur in der Unternehmung eines Unternehmens ist durch folgende Maßnahmen möglich und zu optimieren, wobei die Tradition dieser Kultur organisch fortgesetzt werden kann:

- Weitere Öffnung durch Beseitigung der Barrieren, die noch zwischen Individuen, Abteilungen, hierarchischen Ebenen, strategischen Geschäftseinheiten und regionalen Einheiten bestehen.
- Fördern von Netzwerken zwischen internen und externen Know-how-Trägern.
- Ermutigen zu informeller Zusammenarbeit.
- Schaffen einer Kultur des Vertrauens.
- Installieren eines offenen Marktes für Ideen und Talente.
- Identifizieren der „besten" Mitarbeiter, die als Schlüsselpersonen im Interesse der gesamten Unternehmung und nicht im Interesse eines Bereichsleiters eingesetzt werden.
- Das Angebot von Aus- und Weiterbildungsprogrammen für unternehmerisches Verhalten.

Statt eines Resümees: Leitfragen zu den Leitprinzipien eines Unternehmens

Jede Änderung der Unternehmenskultur eines Unternehmens muss an der Spitze beginnen.

Für jedes Unternehmen gilt, was für jeden von uns gilt: Ist das, was wir jetzt tun, das Ergebnis unserer vergangenen Entscheidungen, so können wir daraus schließen, dass wir das, was wir in Zukunft sein werden, durch unsere heutigen Entscheidungen hervorrufen können. Deshalb braucht eine Unternehmung eine explizite Unternehmenskultur mit ihren Bestandteilen einer Vision, eines Leitbildes (Human Ressources), einer Strategie.

Ohne entsprechendes Coaching, eine Supervision der Prozesse und einer Ausbildung zumindest der Führungskräfte, ist eine strategische Führung nicht möglich. **Supervision** (lateinisch von oben schauen, *Über-Blick*) ist eine Form der Betreuung, Beratung und Begleitung für Mitarbeiter. Einzelpersonen, Gruppen und Organisationen lernen in der Supervision, ihr berufliches Handeln zu prüfen und zu verbessern.

Das systematische Coaching der Mitarbeiter zu initiativem Handeln im Sinne der Strategien im Rahmen der Kultur des Unternehmens, ist eine Aufgabe ohne definitives Ende.

Jede Unternehmenskultur hat Strategien unterschiedlicher Dimension, die es zu bearbeiten gilt:

Die **Offensivstrategie**, die auf Schaffung einer starken Wettbewerbsposition in einem strategischen Markt gerichtet ist, benötigt eine Dimension der Unternehmenskultur, in der Kundenorientierung, Aufgeschlossenheit gegenüber dem Neuen, Risikobereitschaft und unternehmerisches Verhalten gefragt sind.

Die **Defensivstrategie**, mit der die Marktposition verteidigt wird, verlangt eine Dimension der Unternehmenskultur, die auf Erhaltung der Kundenloyalität aufbaut und/oder die auf Liquidierung unwirtschaftlicher Geschäftseinheiten hinausläuft.

Die Unternehmensleitung sollte diese Dimensionen einer Unternehmenskultur verkörpern.

- Was will das Unternehmen in Zukunft sein?
- Wie wollen „wir" die Position der Einzigartigkeit auf „unseren" Märkten aufbauen?
- Sind die Pläne plausibel und hinreichend dokumentiert?
- Sind die Strategien von Mitarbeiter und Mitarbeiterinnen verstanden worden?
- Setzen sich die Mitarbeiter und Mitarbeiterinnen initiativ für die Strategien ein?
- Nehmen die Strategien Rück-Sicht auf die Erfahrungen, auf das Know-how, auf die Gefühle der Mitarbeiter und Mitarbeiterinnen?
- Leben wir die Werte vor, verkörpern wir sie?
- Sind wir zu langsam, schwankend, unsicher, bürokratisch in den Entscheidungen?
- Stimmen die Strategien mit der Unternehmenskultur überein?
- Entspricht das „Ganze" unserem Können, den Einstellungen, Wertvorstellungen, Traditionen?
- Muss die Strategie oder die Unternehmenskultur geändert werden?

Zur Ethik der Führung

Die Ethik stellt Kriterien für gutes und schlechtes Handeln und die Bewertung seiner Motive und Folgen auf. Deshalb allein schon, weil humanes Verhalten nicht teilbar ist, besitzen Führung und Management keine ihnen eigene oder spezielle Ethik.

Im Mittelpunkt jeder Ethik steht die Überzeugung, dass man nur ethisch handeln kann, wenn man sich selbst befreit hat (analog zu den Konsequenzen aus dem christlichen „Liebe deinen Nächsten wie dich selbst!"), den Sinn ethischen Handelns im Rahmen der globalen Weltsicht erkannt hat.

Die Zuwendung zu anderen Lebewesen in sorgender Liebe und Solidarität ist dabei im Sinne der Kantschen Aufklärung allerdings niemandem – keinem Gott, keinem Buddha, keiner Offenbarung oder Lehre – geschuldet, sondern erwächst aus der inneren Einsicht im Laufe des Lebens von selbst.

In einer globalen Welt sind Führung und Management immer eine Übermittlung außerhalb jeglicher Doktrin, die sich auf Grund der Vielfalt der Kulturen weder auf Worte noch auf Schriften stützt, sondern auf das Sein, die Liebe, das Herz, als eines der unzähligen Metaphern für bedingungslose Mit-Menschlichkeit.

Die Ethik des Führens und Managens kann insofern als „pragmatischer Altruismus" charakterisiert werden, Mitgefühl und die allgemeine Förderung des Lebens kennzeichnen sein Denken und Tun.

In einem Gelübde des Zen-Buddhismus heißt es:

> „Wie zahlreich auch immer die fühlenden Wesen sein mögen, ich gelobe, sie alle zu retten."

Eine solche undogmatische Ethik, die keinem Dogma unterworfen ist, ist eine Situationsethik. Sie ist Grundlage für Entscheidungen im real eintretenden Fall.

Sie bedarf insofern einer besonderen, geistesgegenwärtigen Kommunikations- und Interaktionskompetenz und muss, wenn sie den Namen Ethik verdienen will, der Gemeinschaft, heute immer der Weltgemeinschaft, verpflichtet sein.

In diesem Bezug der notwendigen Kompetenzen für Führung und Management spielt der Elite-Begriff eine Rolle.

Voraussetzung für Führung ist Selbst-Erkenntnis des Menschlichen, des Faktors „Mensch".

> „Wer sein eigenes Wesen schaut, ist ein Erwachter".
>
> *Buddha*

Führung wird immer auch mit Autorität in Verbindung gebracht.

Tatsächlich bedürfen Autorität und Führung immer der Anerkennung durch die Geführten, was ein freiwilliger Akt ist.

Das Wort entstammt dem lateinischen „auctoritas" (Einfluss, Geltung, Ansehen, Würde, Macht) bzw. dessen Verb „augere", das soviel wie vermehren, fördern, bereichern, wachsen bedeutet.

Formen der Auseinandersetzung mit Autorität

Hinsichtlich Führung und Management wird Autorität grundsätzlich als förderliche Autorität betrachtet, die auf Vertrauen gründet, aber auch missbraucht werden kann.

Der mögliche Missbrauch von Autorität wird in seinen Differenzierungen deutlich: charismatische Autorität, funktionale Autorität, personale Autorität, anonyme Autorität, Sachautorität, Amtsautorität, Erziehungsautorität usw.

Das Phänomen der Führung

Führung ist das Handeln, um steuernd und richtungsgebend auf das Verhalten von sich selbst und von andern Menschen einzuwirken, um „sein" oder ein abgesprochenes oder gemeinsames Ziel zu verwirklichen.

Die Behauptung, Menschen bedürfen der Führung, ist ein „Gerücht", was auf der Unselbstständigkeit von Menschen aufbaut, die selbst verursacht oder gewollt wird.

> „Aufklärung ist der Ausgang des Menschen aus seiner selbstverschuldeten Unmündigkeit. Unmündigkeit ist das Unvermögen, sich seines Verstandes ohne Leitung eines anderen zu bedienen. Selbstverschuldet ist diese Unmündigkeit, wenn die Ursache derselben nicht am Mangel des Verstandes, sondern der Entschließung und des Mutes liegt, sich seiner ohne Leitung eines anderen zu bedienen."
>
> *I. Kant 1784*

Sapere aude! Habe Mut, dich deines eigenen Verstandes zu bedienen! ist also der Wahlspruch der Aufklärung.

„Leadership" wird als Begriff in Management-Diskussionen in den letzten Jahren zunehmend populär, da der Begriff „Führung" sinnentleert und mit Management gleichgesetzt wurde. In Deutschland ist der Führungsbegriff außerdem geschichtlich belastet.

Deshalb taucht im Begriff „Leadership" die Summe von Verhaltensweisen auf, die der Führung zugeschrieben wurden:

* eine große Organisation zu ihrer Höchstleistung zu führen,
* grundlegenden Wandel zu wagen,
* die Menschen zu befähigen und über Widerstände hinweg zu bewegen,

- alle Elemente der Organisation (Strategie, Kultur, Prozesse, Struktur, Führung, Information und Kommunikation, Leistung und Ergebnisse) konsequent voranzutreiben,
- die Menschen in der Organisation mental und emotional für eine Zukunftsvision zu stimulieren,
- eine Verbundenheit über alle Hierarchieebenen hinweg zu bewirken.

Leadership gründet auf grundlegenden, persönlichen und charakterlichen Eigenschaften und ethischen Überzeugungen, die der „Gemeinschaft" aller verpflichtet sind.

CommuniTYcation® oder: Die Beziehungscoaching-Strategie

„Haben wir das Problem" oder „sind wir das Problem"?

Die westliche Industriegesellschaft ist eine verwöhnende Gesellschaft, der Rest der Welt versucht sich nacheifernd in dieser Richtung.

Verwöhnung oder **Verzärtelung** ist ein Beziehungsmuster zwischen dem Individuum und der Gemeinschaft, das in der frühen Kindheit durch die Haltung der Erzieher und die kreative und schöpferische Antwort des Kindes geprägt wird.

Alfred Adler, das psychoanalytische Genie in Konkurrenz zu Freud, betonte, dass ein solcher Lebensstil nicht aus dem Verhalten der Eltern abgeleitet werden kann, sondern es ist die Schöpfung des Kindes, allerdings in der von den Eltern dargebotenen Umwelt, die man als Bühne des Kindes sehen kann. Ein Individuum mit einem verzärtelten Lebensstil ist ein Mensch, der vielmehr verwöhnt werden will, als jemand, der wirklich verwöhnt worden ist.

Es geht darum, dass die Eltern das fordernde Kind schnell merken lassen, dass es Mittelpunkt der Familie geworden ist, ihm jeden Wunsch von den Augen ablesen, dem Kind gehorchen und sich von ihm beherrschen und tyrannisieren lassen, dem Kind alles abnehmen und ihm gleichzeitig jede Möglichkeit der eigenen Entwicklung nehmen.

Verwöhnung darf nicht mit *emotionaler Zuwendung* verwechselt werden, denn diese stärkt das Kind, indem es ihm den nötigen Beistand und Rückhalt zur tätigen Auseinandersetzung mit den Lebensaufgaben gibt. Die Verwöhnung dagegen schwächt das Kind, weil es an einer aktiven Lebensbewältigung gehindert wird.

Charakterzug des verwöhnten Kindes ist das Gefühl, dass sein Eigenwert nur darin besteht, da zu sein. Es lernt nicht, einen nützlichen Beitrag an die Gemeinschaft zu geben. Unbewusst verhindert der Erzieher, dass ein soziales Interesse entstehen kann. Das Kind erwartet alles von den anderen, aber hat diesen nichts zu geben. Es möchte immer im Mittelpunkt stehen und wird zum Spielverderber, wenn das nicht möglich ist. Es leidet unter dem Gefühl, zu kurz zu kommen, wenn es im Leben die verwöhnende Situation nicht mehr gibt. Der Mangel an Gemeinschaftsgefühl erschwert den verwöhnten Kindern das Sich-ein-reihen und das aktive Mitmachen.

Ohne Mittelpunktstellung fühlt sich das verwöhnte Kind schwach und entmutigt. Die Individualpsychologie unterscheidet die drei Lebensaufgaben Liebe, Arbeit und Gemeinschaft. Da diese sozialer Natur sind, ist der Verwöhnte mit seinem Mangel an Gemeinschaftsgefühl für diese Aufgaben schlecht vorbereitet.

Wir haben es – eine Steigerung nach der anderen scheint immer noch möglich – mit „Haben-wollen-Generationen" zu tun. Diese „Haben-wollen-Generationen" zeichnen sich logischerweise durch Orientierungslosigkeit aus. Denn in welche Richtung soll menschliches Leben gehen? Was soll der Mensch? Was will er glauben? Was ist der Sinn des Lebens? Diese Fragen bleiben ohne Antwort!

Diese Fragen müssen jedoch Antworten finden, die zu beobachtende Ver**Antwort**ungslosigkeit gegenüber dem eigenen Leben und dem Leben Anderer ist markant. Beim Versuch alle hindernden Grenzen loszuwerden, hat der grenzenlose Mensch auch die Orientierungsmarken verloren.

Regel oder Ausnahme?

Eng mit der Orientierungslosigkeit sind die Suche und die Sucht nach der Ausnahme verbunden. Bloß nicht in der eher vermuteten als gefühlten, unstrukturierten Masse „untergehen".

Alle menschlichen Konflikte sind Ausdruck von fehlendem oder reduziertem Gemeinschaftsgefühl!

Ist das Gemeinschaftsgefühl Wurzel und Maßstab für unser Handeln? Entsteht eine beitragende Gesinnung für Familie, Gesellschaft, Ökologie, Welt, …?

Die Lehre vom Beziehungsgefühl ist nicht „links" oder „rechts", sie ist eine Grundwahrheit des menschlichen Lebens und jeder weiß es.

Und wenn zum Beispiel der Vorsitzende der Grundwertkommission der größten sozialdemokratischen Partei Deutschlands im Spiegel 27/99 sagt:

> **Spiegel:** „Woran sollte die SPD allen Wandel zum Trotz festhalten?"
>
> **Thierse:** „Vor allem an der Einsicht, dass es auch in dieser neuen Wirklichkeit ökonomisch starke und schwache Menschen gibt. Um die ökonomisch Starken muss die Politik sich nicht so sehr kümmern. Die kümmern sich schon um sich selbst. Es gilt nach wie vor: Die Starken können sich einen schwachen Staat leisten. Die Schwachen brauchen einen Staat, der für ihre innere Sicherheit und soziale Gerechtigkeit sorgt."

… so trifft er nicht das, was „Gemeinschaftsgefühl" bedeutet.

Es geht um Ver**Antwort**ung gegenüber allen Lebensfragen, das Vermeintliche „Nicht-Kümmern" um die „Starken", schließt diese schon mental aus und damit sicher auch deren Bei-Hilfe.

Die Symptome fehlenden Gemeinschaftsgefühles sind überall deutlich zu erkennen, allerdings werden sie dann von „Erkennenden" nur kognitiv wahrgenommen. Den Weg zur Veränderung hat noch jeder vor sich.

Indem man deutlich anzeigt, dass man nicht zur schnöden Masse gehört oder gerade zu den Entrechteten und Armen, sondert man sich aus der Beziehung zur Gemeinschaft aus.

Einige erklären laut und deutlich, dass man vom Wählen bis zum Spenden keinen Beitrag mehr zu leisten gedenkt. Man lebt „nur für sich", vom Single-Dasein bis zum meditativen Einsiedler.

Man muss sich ständig belohnen, ob man nun geständig bei Fast-Food-Ketten an die „Boxen" gehen muss, Volksdrogen wie Alkohol oder Zigaretten frönt oder sich mit Fernreisen begnügt. Sehr beliebt ist die Flucht in die Krankheit. Ebenso die Flucht in ein „Dasein" auf Kosten anderer. Oft wird gegen alle Einsicht ein demonstratives Desinteresse an der Umwelt vorgetragen. **Lebensmotto:** „Das mute ich dir/euch zu."

All diese Fehl- und Umwege zur Beziehung, und damit zu egoförderndem Leben, lassen eine kämpferische, entwertende, angespannte, leidende, aggressive und überempfindliche Charakterstruktur entstehen.

Der Mensch, der beziehungsfördernde Maßstäbe an sein Handeln legt, (Beziehung ist heute – und war es immer?! – Weltgemeinschaftsbeziehung, sonst gäbe es noch die Mafia und andere Gruppen als Maßstab anzubieten) hat folgende Charaktermerkmale:

Zeichen von	
weniger Gemeinschaftsgefühl	**mehr Gemeinschaftsgefühl**
er sondert sich aus	zeigt keine Berührungsängste
gibt wenig von sich Preis	ist offen
leistet keinen Beitrag	zeigt Mut und Risikobereitschaft
hat kein Vertrauen	ist kritikfähig (gibt seine Fehler zu)
benutzt Suchtmittel	sieht seinen eigenen Anteil
wirkt oft einsam	kennt seine Fehler
will Mittelpunkt sein	übt weniger Druck aus
braucht andere Menschen nur als Statisten	benutzt weniger Machtmittel

Zeichen von	
weniger Gemeinschaftsgefühl	**mehr Gemeinschaftsgefühl**
trägt keine Verantwortung	verzichtet auf Statussymbole
benimmt sich beziehungsschädlich/ stört	wirkt ausgeglichen
kommt zu spät	ist spontan
nimmt keine Rücksicht	ist herzlich
lebt für sich und muss sich belohnen	ist locker
macht in „Einsiedlerei"	ist frei
lebt auf Kosten anderer	ist gleichwertig
flüchtet in Krankheit	zeigt einladende Haltung
zeigt kein Interesse an der Umwelt	wirkt als Teil des Ganzen
hat Angst vor Auseinandersetzung	ist ermutigend
wirkt kämpferisch	ist wohlwollend
ist entwertend	ist bemühend
ist angespannt	ist suchend

Zielfindung-Potenzialanalyse-Lebenssinn

Nicht das Festhalten an traditionellen Führungsstilen, sondern der individuelle Umgang mit den verschiedenen Führungssituationen zeichnet den erfolgreichen Vorgesetzten aus.

Im „Dschungel" einer sich ständig verändernden Begriffsvielfalt (Downsizing, Leanmanagement, Mitarbeiter und Mitarbeiterinnenmanagement, Re-engineering …) muss der Vorgesetzte sich schnell und zuverlässig orientieren können.

Wer auf dem Lebensfeld „Beruf" erfolgreich sein will, muss sich weiterentwickeln, seine Talente optimieren, sein Profil schärfen, ungeliebte Verhaltensweisen verlernen, für sich und die Gemeinschaft Ver-**Antwort**ung übernehmen, d. h. auf die Lebensfragen – besonders auf die Gemeinschaft bezogen – Antworten geben.

Im Visier stehen nicht nur der Top-Mitarbeiter und die Top-Mitarbeiterin.

Viele Menschen wissen nicht genau, wohin sie wollen, auf den drei großen Lebensfeldern des Berufslebens, des Privatlebens und der (heutigen globalisierten Welt-) Gemeinschaft und der damit verbundenen Antwort auf die Frage „Welche Welt hinterlasse ich der nächsten Generation?".

In „diesem" Bildungsprogramm des Lebens stehen die Realität des modernen Berufslebens und das Menschsein und damit die Renaissance der Selbstfindung für das Individuum und das Gemeinschaftsleben im Mittelpunkt.

Kein Mitarbeiter und keine Mitarbeiterin kann persönliches Glück erwarten, wenn das Streben gegen die Gemeinschaft gerichtet ist.

Der Druck durch Reviews im Job wird für Führungskräfte immer höher.

Ein großer Teil der Kraft, die für Führungsaufgaben da sein soll, wird von nicht wenigen in „heimlichen" Berufssicherungstätigkeiten vergeudet.

Die Diskussion um das Für und Wider des „richtigen" oder „falschen" Führungsstils ist so alt, wie die Auseinandersetzung mit diesem Thema.

Wir leben heute in sozialen Ordnungssystemen mit einem Menschenbild geprägt von „Würde" und geistiger Autonomie, sehen also den Menschen als eigenverantwortliches und selbstständig denkendes

Wesen, ausgestattet mit einer Vielzahl an rationalen und emotionalen Fähigkeiten.

Als so beschriebenes Individuum hat der Mensch im Bereich seiner privaten und sozialen Lebensgestaltung zunehmend Freiraum und Gestaltungsfreiheit erlangt und weiß diese zu nutzen.

Viele Mitarbeiter laufen privat zur „Hochform" auf, haben anspruchsvolle Hobbys und Interessen, die Organisationstalent und Führungsqualität erfordern. Am Arbeitsplatz aber werden diese Talente kaum genutzt und nicht gefördert. Wenn Vorgesetzte Kundenzufriedenheit, Betriebsergebnis und Mitarbeiterzufriedenheit optimieren sollen, so gilt es, die „Human-Ressources" zu nutzen, das heißt, die Leistungsbereitschaft und die Kreativität von Mitarbeitern durch geeignetes Führungsverhalten zu fördern und zu coachen. Es stellen sich folgende Fragen:

- Was kann der Mitarbeiter?
- Welche Motive leiten ihn?
- Wie viel Entwicklungspotential steckt in ihm?
- Wie lässt sich Führung in Kommunikation umsetzen?
- Was ist eine Zielvereinbarung?

Wenig helfen Persönlichkeitstests. Der **Barnum-Effekt** beschreibt die Neigung von Menschen, vage und allgemeingültige Aussagen über die eigene Person als zutreffende Beschreibung zu akzeptieren. Das Ergebnis der Testverfahren, die ja schließlich nur ökonomisch sein sollen, ist mehr als umstritten. Wir setzten eine Mischung aus Coaching- und psychologisches Prüfungsgespräch ausgebildeter Fachleute dagegen. Teurer, aber wesentlich genauer, die CommuniTYcation®-Methode, ein Methodenmix aus Individualpsychologie, Psychoanalyse, Gesprächspsychologie, Transaktionsanalyse und der Philosophien der Aufklärung.

Führung und Coaching

Führung und Coaching sind zwei unterschiedliche Bereiche, die getrennt, jedoch ergänzend gesehen werden sollten. Aussagen wie „Die Führungskraft als Coach" finden wir problematisch. Warum?

Der Faktor, der zunächst trennt, lautet **Hierarchie**.

In jeder Führungssituation – und sei sie noch so kooperativ – gibt es hierarchische Abhängigkeiten. Diese führen bei dem Mitarbeiter zu taktischem und kalkuliertem Handeln. Dies ist auch gut und richtig, denn Mitarbeiter können es sich in nur wenigen Unternehmenskulturen leisten, völlig offen zu sein.

Völlige Offenheit würde den Verlust von Schutz bedeuten. Dies wäre unsinnig, denn irgendwann könnte der Hierarch die Kenntnisse über den Mitarbeiter gegen ihn verwenden. Das ist kein Angriff auf Führungskräfte, die sehr vertrauensvoll mit ihren Mitarbeitern umgehen, aber – Hand aufs Herz – der Führungsalltag birgt oft Situationen, in denen sich Führungskräfte gegen die Interessen eines Mitarbeiters entscheiden müssen. Ferner ist zu bedenken, dass die Offenheit einseitig wäre. Die Führungskraft wüsste viel vom gecoachten Mitarbeiter – der Mitarbeiter wenig von der coachenden Führungskraft.

So verlockend sich diese Doppelrolle „Führungskraft als Coach" auch anhört, zum Schutz des Mitarbeiters und für ein gutes Coachingergebnis ist eine Trennung der Rollen sinnvoller. Eine Coachingsituation ist eine abhängigkeitsfreie Situation ohne Hierarchie- und Machtstrukturen.

Nur durch diese absolute Freiheit und das sich dadurch ergebende Vertrauen, ist es möglich, dass der Mitarbeiter alle Themen, die für Coachingsituationen wichtig sind, auch ansprechen und behandeln kann. Schon der geringste Zweifel nach dem Motto „Kann ich das auch sagen" ist hinderlich. Das Vertrauen muss so groß sein, dass jede Aussage, jede Emotion geäußert werden kann.

Dies geht am besten dann, wenn der Coach außerhalb der normalen Hierarchie steht, die Modalitäten über das Verfahren allen klar sind und genauestens eingehalten werden.

In diesem Buch geht es um die „Quadratur des Kreises" ... die Führungskraft als Coach, also doch!

Exkurs: Definition von Führung

Überprüfen Sie Ihre Position jetzt und nochmals am Ende des Buches!

Führen ist:

- Zielgerichtetes, gewolltes menschliches Handeln.
- Koordination der Mitarbeiter und Mitarbeiterinnen.
- Durchsetzung und Verantwortung der für richtig erkannten Wege.
- Das in-die-Praxis-Umsetzen von Entscheidungen.
- Analyse der Strukturen, Strategien und Probleme.
- Ziele setzen.
- Informationen beschaffen, entgegennehmen, sammeln, ordnen, verarbeiten (lassen).
- Im Rahmen des Planens Probleme analysieren, Möglichkeiten durchdenken und Wesentliches herausstreichen können, sowie Ideen finden, Prognosen stellen und Alternativen suchen können im Entscheidungsrahmen der Führungtätigkeit.
- Entscheidungen reifen lassen können, Entschlüsse fassen, Absichten formulieren und Alternativen aufzeigen können.
- Im Rahmen Human Ressources und sozialer Führung an Mitarbeiter-Mensch Interesse zeigen, An-Teil-Nahme zeigen.
- Im Rahmen der Kontrolle nicht bewertendes Feedback geben können.
- Im Rahmen der Motivation informieren, begeistern, Visionen aufzeigen können.

Führung durch erfolgreiche Weiterbildung und Coachings

Die wichtigste Zeit im Rahmen einer Fortbildung ist die Zeit danach. Was bringt das interessanteste Thema, best-gestaltete Flipchart, … wenn alle Erkenntnisse im Seminarraum (ver-)bleiben? Statt Seminare durchzuführen, sollte es das Ziel von Führung sein, „Begleitung" (Coaching und Supervision) in der Praxis zu organisieren. Die nachhaltigsten Interventionen sind Veränderungsimpulse, die direkt in die Praxis hinein wirken.

Wenn irgend möglich, sollte Führung dafür sorgen, dass Trainer oder Coachs in der Situation vor Ort trainieren und coachen, dort, wo die Teilnehmer sind. Sie sollten sich mit den Problemen und Hindernissen direkt im Umfeld auseinandersetzen. So lassen sich alle Betroffenen direkt mit einbeziehen, Vereinbarungen realistisch treffen, gemeinsame Erlebnisse integrieren, die auch am Ort des Geschehens erinnert werden.

Grundlagen aller Seminare, Coachings und Supervisionen

> *Cha|ra.k|ter* [k…] der; -s, …ere <aus gleichbed. lat. character, dies aus gr. charakter, eigtl. „eingebranntes, eingeprägtes Schriftzeichen", zu charássein „spitzen, schärfen, einritzen">: Charakter…
> 1) Kennzeichen, Merkmal, Gepräge.
> 2) die Gesamtheit gleich bleibender Wertorientierungen, Einstellungen u. a. einer Person.
> *Quelle: Der Brockhaus in einem Band*

Kein Teilnehmer eines Seminars, Coachings oder einer Supervision verändert seine charakterlichen Grundstrukturen. Was jemand lernen kann, ist, sich mit Achtsamkeit zu beobachten und bei unsozialen Aktionen und Reaktionen zu ertappen.

Lernen kann er zumindest auf der kognitiven Ebene bevor langfristig selbst gesteuerte gefühlsmäßige Reaktionen, die tief eingekerbt sind, durch sozialkompetente gemeinschaftsdienliche ersetzt werden. Die „alten" Strukturen werden dabei nicht verloren gehen, sondern die „neuen" finden häufiger statt.

Prozessverlauf einer Fortbildung mit Trainings-, Supervisions- und Coachingsequenzen

Kontinuierliche Verbesserungsstrategie

Absprache des Auftrages und Vereinbarung der Ziele mit allen Ebenen der Führungshierarchie.

- Vorstellung der Leitziele und Folgeziele durch alle Führungshierarchien.
- Erarbeitung der Ziele der folgenden Hierarchieebene.
- Vorstellung der Methodik des weiteren Vorgehens.

Einzelcoaching mit dem Ziel Leistungsstand festzustellen und Wunsch zur Kompensation von realen wie vermeintlichen Defiziten.

- Gemeinsame **Seminare**, um Defizite durch Wissenstransfer zu kompensieren.
- **Supervision** der Arbeitsabläufe „vor Ort".

Evaluation des Trainings durch Einzelcoachings mit dem Ziel Fortschritte festzustellen und zu fördern.

„Geheimnis" und Erfolg des Modells sind die von allen Hierarchieebenen getragenen Leitziele. Diese Leitziele werden in dem Augenblick aus der Unverbindlichkeit sonstiger „Unternehmensphilosophien" herausgehoben, wenn sie gemeinschaftlich für einzelne Projekte persönlich verkündet werden.

Sie werden in diesem Augenblick „lebendig". Sie stehen nicht mehr nur auf dem Papier, eine Person erklärt ihren festen Willen und führt.

So werden konkret nach den Auftragsabsprachen Kick-off-Veranstaltungen durchgeführt, in denen alle Hierarchieebenen ihren Willen verkünden, Veränderungen auf allen Ebenen durchzuführen, mit dem Leitziel, in gemeinsam-verantwortlichem Miteinander erfolgreicher für Individuum und Mitarbeiter tätig zu werden.

Diese Ziele sind nicht durch das Tagesgeschäft umkehrbar oder beliebig.

Schlüssel für erfolgreiche Fortbildung

Effizienter und effektiver Transfer

Auf was soll ein Entscheider achten?

Themen von Schulungen können noch so gut vorbereitet, präsentiert und bearbeitet werden, der Seminarerfolg lässt sich nur daran messen, was die Teilnehmer in ihrem Arbeitsalltag umsetzen.

Schlüsselfaktor: Kommunikation mit dem Coach

Aktives Zuhören und Verstehen der Einwände durch Trainer oder Coach.

Welche Reibungen oder Auseinandersetzungen entstehen durch das Seminarkonzept?

Wie kann sich dieser Spannungsbogen in neue Erkenntnisse für die Teilnehmer verwandeln?

Jeder Teilnehmer sollte also **vor** einem Seminar mit seinem Vorgesetzten *oder* Trainer *oder* Coach ein ausführliches Gespräch über seine Fortbildung führen. Jedes Seminar oder Coaching wäre dann Bestandteil eines gemeinsamen Wachstumsprozesses: Abgesprochen, nachvollziehbar und klar!

Der Sinn der Maßnahme wäre für jeden Teilnehmer transparent, nämlich: die Vernetzung seines neuen Wissens in der Praxis. Sein Umfeld wäre neugierig auf die Erfahrungen, die im Training oder Coaching gewonnen wurden. Das Seminar würde so bis in die Praxis hineinwirken. Eine Kultur des gegenseitigen Lernens könnte entstehen.

Leit(d)faden für ein Gespräch vor der „Veranstaltung"

Zum Arbeitsplatz

- Welche Aufgaben sind an Ihrem Arbeitsplatz zu bewältigen?
- Welche Fähigkeiten sind dafür erforderlich?
- Welche Fähigkeiten und Stärken sind bei Ihnen ausgeprägt, welche möchten Sie noch weiter entwickeln?

Zielklärung

- Worin besteht ihre Motivation, das Seminar zu besuchen?
- Was soll sich durch den Besuch des Seminars, des Coachings … für Sie, für die Kunden … Kollegen ändern?
- Welche Ziele verfolgen sie konkret durch die „Veranstaltung?"
- Was haben Sie bisher schon unternommen, um diese Ziele zu erreichen?
- Woran werden Sie erkennen, dass Sie das Ziel bzw. die Ziele erreicht haben?

Vorschläge für situations- und mitarbeiterorientiertes Vorgehen

Konkrete Situationen und Fälle aus dem Führungsalltag, zu bearbeiten, die die Mitarbeiter selbst erlebt haben, ist in vieler Hinsicht wie z. B. hinsichtlich der Authentizität, vorteilhaft.

Allerdings muss die Gefahr in Kauf genommen werden, dass der jeweilige Teilnehmer sein „damaliges" Verhalten bewusst oder unbewusst durch die jeweilige Gruppe bestätigt wissen möchte.

Wer Verhalten lernen will, muss Verhalten üben. Je öfter, desto eher wird das eigentliche Ziel erreicht, dass das richtige Verhalten automatisch, ohne Nachdenken, abläuft.

Die Lerninhalte und Ziele, haben ihre Bedeutung in der persönlichen Lebenswelt. Für Schüler sind Lerninhalte oft bedeutungslos für ihr gegenwärtiges Leben. Für Erwachsene aber sind die Lerninhalte im Kurs oder Seminar in die Realität außerhalb der Veranstaltung eingebettet. Trotzdem stimmt es auch, dass jede Lernsituation mit Gewinn für das Ich reizt und gleichzeitig das Gewohnte bedroht.

Der Diskussions- oder Arbeitskreis mit Kollegen ist eine erwachsenengemäße Form des Lernens. Allerdings ist die Produktivität im Auge zu behalten.

Methoden – Danach

Der Trainer, der Coach bietet eine **Transfer-Hotline** an, durch die die Themen im Seminar weiter bearbeitet werden können.

Nach dem Seminar werden Termine vom Trainer vor Ort wahrgenommen, um die Umsetzung vor Ort weiter sicherzustellen.

Feedback

Für Sie als Coach stellt das Feedbackgespräch ein wichtiges Instrument zur Seminargestaltung, Gestaltung von Meetings oder Konferenzen dar. Vor allem, wenn die Teilnehmer aktiv am Geschehen beteiligt sind und somit etwas von sich preisgeben, ist das Feedback einzusetzen. Das Feedback ist eine Rückmeldung an die Teilnehmer in Form einer Beschreibung des Gesehenen. Diese Rückmeldung sollte in einer bestimmten Form artikuliert werden, damit sich die angesprochene Person nicht angegriffen fühlt.

Sie können ein Feedbackgespräch in unterschiedlichen Situationen einsetzen. Bei der Frage des Einsatzes kommt es im Wesentlichen auf die Hierarchieebene an.

Das Feedback zwischen einer Führungskraft, die ein Kritikgespräch führen muss, und einem Mitarbeiter ist z. B. nicht zielführend. Dies lassen die Eigenschaften des Feedbackgespräches nicht zu. Wohingegen in der Atmosphäre eines Seminars das Feedbackgespräch sinnvoll ist. Sie als Trainer sollten darauf achten, dass sich kein Teilnehmer vorgeführt fühlt.

Ein Beispiel für den Einsatz des Feedback: Sie leiten ein Seminar über Konfliktmanagement und einer Ihrer Teilnehmer leitet eine Diskussion. Nach der Diskussionsrunde hat der Teilnehmer ein Recht zu erfahren, wie die anderen Teilnehmer, sowie Sie als Trainer seine Diskussionsrunde empfunden haben. Hierzu dient das Feedbackgespräch. Das Ziel ist es, dem Teilnehmer im Kontext des gerade Erlebten, Alternativen aufzuzeigen. Eine Veränderung herbeizuführen, ist auf keinen Fall das Ziel.

Regeln für den Feedback-Geber:

- Einverständnis erfragen: „Möchten Sie ein Feedback von mir?"
- Nicht bewerten und kein Nachkommentieren.
- Komparative vermeiden, z.B. schneller, da dies nicht messbar ist.

- Keine Kritik, d. h. nur das Gesehene beschreiben.
- Ich-Aussagen, auch durch Ich-Aussagen Gefühle äußern.
- Keine Du-Aussagen.
- Im Hier und Jetzt.
- Feedback-Regeln dem Feedback-Nehmer erläutern.

Regeln für den Feedback-Nehmer:

- Kein Nachkommentieren.
- Nicht rechtfertigen oder entschuldigen.
- 24-Stunden-Regel (24 Stunden auf sich wirken lassen).

Johari-Fenster (Fenster zur Seele)

Das Johari-Fenster begründet die Notwendigkeit des Feedbacks. Es wurde von Joe Luft und Harry Ingham entwickelt und zeigt ein proto-typisches Seelenmodell.

Im Alltag machen wir uns relativ schnell ein Bild von anderen Menschen, wobei dieses nur teilweise das Ergebnis sorgfältiger Beobachtung und Auswertung dessen ist, was wir in Erfahrung bringen können. Vielmehr entwickeln wir auf der Grundlage von Erfahrungen spontan ganz bestimmte Urteile und Eindrücke. Wir verallgemeinern das Beobachtbare, ordnen das Wahrgenommene in Schemata, Raster und Schubladen ein und ergänzen es durch Annahmen und Denkgewohnheiten.

Wann immer wir es mit anderen Menschen zu tun haben, machen wir uns also spontan ein Bild von ihnen: welche Eigenschaften sie unserer Ansicht nach besitzen, welche Bedeutung sie für uns haben. Jeder Freund, Bekannte, Nachbar, aber auch wildfremde Personen, die uns auf der Straße begegnen, werden in irgendeiner Form von uns beurteilt. Gleiches gilt für Gruppen von Menschen, wie die eigene Familie oder den Kollegenkreis.

Johari-Fenster
Feedback = Rückkopplung

Seelenmodell

Zweck/Sinn/Ablauf von Feedback

Bereich A	Bereich B
Ist mir und anderen bekannt **„freies Handeln"**	Ist anderen bekannt **„blinder Fleck"**
Bereich C Ist nur mir bekannt **„verbergen"**	**Bereich D** Ist mir und anderen nicht bekannt **„unbewusst"**

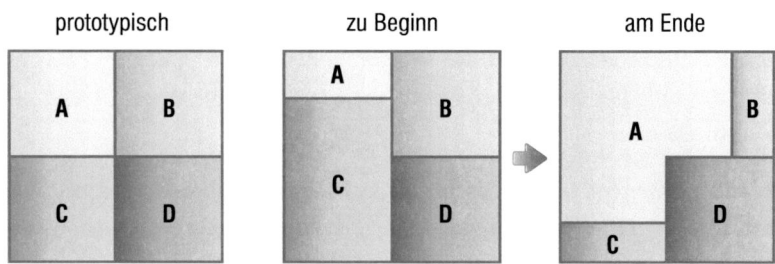

Johari-Fenster nach Joe Luft und Harry Ingham

Im Alltag treffen wir immer wieder mit uns unbekannten Menschen zusammen und wollen wissen, welche Absichten und Motive sie verfolgen, welche Interessen sie haben. Zu wissen, was andere an Interessen haben, hilft uns, uns adäquat zu verhalten, uns auf sie einzustellen, ihr Verhalten zu verstehen, es womöglich vorherzusehen, uns vor Überraschungen zu schützen.

Besonders wichtig ist dieses Wissen dort, wo mehrere Menschen zusammenarbeiten müssen, also in Gruppen oder Teams. Menschen, die sich vorher weder kannten noch viel miteinander zu tun hatten, werden erst durch gruppen-dynamische Prozesse zu einer Gruppe. Über verschiedene Phasen führen diese entweder zu konformen, gut zusammenarbeitenden Gruppen oder zu solchen, die sich gegenseitig durch Konkurrenzverhalten, Neid und sonstige Spannungen behindern.

Eine wichtige Rolle spielt dabei die Wahrnehmung des Einzelnen durch die Gruppe. Vier Bereiche können hier unterschieden werden:

Bereich A umfasst den Teil des gemeinsamen Wissens, also jene Aspekte unseres Verhaltens, die uns selbst und den anderen Mitgliedern der Gruppe bekannt sind und in dem uns unser Handeln frei, unbeeinträchtigt von Ängsten und Vorbehalten erscheint. Hier sind wir quasi die „öffentliche Person". Z. B. möchte ein Abteilungsleiter bei den Mitarbeitern gerne den Eindruck des kollegialen Vorgesetzten erwecken, der sie fördert und mit Handlungsfreiheiten ausstattet.

Bereich B umfasst den „Blinden Fleck", also den Anteil unseres Verhaltens, den wir selbst wenig, die anderen Mitglieder der Gruppe dagegen recht deutlich wahrnehmen: die unbedachten und unbewussten Gewohnheiten und Verhaltensweisen, die Vorurteile, Zu- und Abneigungen. Hier können uns die Anderen Hinweise auf uns selbst geben. Dieser Bereich wird meist nonverbal, etwa durch Gesten, Kleidung, Klang der Stimme, Tonfall etc. geäußert und umfasst das Auftreten insgesamt. Ein großer „Blinder Fleck" ist für eine effiziente Gesprächsführung hinderlich. Ein Beispiel ist etwa der herablassende

Tonfall und die Mimik, mit der die Führungskraft zu den Mitarbeitern spricht.

Bereich C umfasst den Bereich der Zurückhaltung, also jenen Aspekt unseres Denkens und Handelns, den wir vor Anderen bewusst verbergen – die „heimlichen Wünsche", die „empfindlichen Stellen", quasi die „private Person". Durch Vertrauen und Sicherheit zu Anderen kann dieser Bereich erheblich eingegrenzt werden. Z. B. hält sich eine Führungskraft selbst in einem bestimmten Wissensgebiet für nicht kompetent und möchte das insbesondere, vor allem vor Mitarbeitern verbergen.

Bereich D umfasst den unbewussten Bereich, der weder uns noch Anderen unmittelbar zugänglich ist; zu ihm kann aber etwa eine Tiefenpsychologin oder ein Tiefenpsychologe Zugang finden.

Für ein Feedback relevant sind vor allem Quadrant B und C. Durch ein Feedback im Sinne eines Vergleichs von Selbstbild und Fremdbild kann sich, sofern das Feedback angenommen und konstruktiv reflektiert wird, der „unbewusste" Bereich verkleinern. Gleichzeitig wird der „offene" Bereich vergrößert. Das kann zu einer positiven Veränderung der Beziehungen zu anderen Menschen führen, da die Wirkung, (also das Fremdbild), vermehrt den Absichten (also dem Selbstbild), entspricht.

Das Ziel persönlicher Weiterentwicklung kann es z. B. sein, den „blinden Fleck" zu erhellen. Eine Möglichkeit ist der Einsatz von Persönlichkeitsmodellen, etwa der Transaktionsanalyse. Mit dieser kann das eigene Verhalten bewusster gemacht werden, indem man sich Gedanken über die eigenen Wertvorstellungen und Normen macht. Einen weiteren Ansatzpunkt, „blinde Flecken" zu verringern, bietet das Feedback. Durch geeignetes Feedback-Geben können Unterschiede zwischen Selbst- und Fremdbild bewusst gemacht werden. Auf die Frage „Wie habe ich auf die Anderen gewirkt?" können dann Antworten gefunden werden.

Das „Johari-Fenster" verdeutlicht, dass „Selbstwahrnehmung" und „Fremdwahrnehmung" sich in unterschiedlichen Aus-prägungen entsprechen, und dass es Bereiche des Verhaltens gibt, die Anderen unbeabsichtigt Mitteilungen über die eigene Person erteilen, während großen Bereichen der eigenen Wahrnehmung verborgen bleiben.

In einer neuen Gruppe ist Quadrant A sehr klein und es sind wenig freie und spontane Aktionen zu registrieren. Ist das schon die Regel, so wird eine Situation der Unsicherheit, der Spannung oder gar Angst, so wie sie häufig auch am Beginn von Lernprozessen in Gruppen besteht, das freie, aktive Verhalten zusätzlich einengen. Um es in der Graphik auszudrücken: der Bereich des „freien Handelns" ist zugunsten des Bereichs des „Verbergens" und des „Blinden Flecks" eingeschränkt.

Für eine kommunikative Gruppe ist es unerlässlich diesen Bereich wachsen zu lassen. Die Veränderung eines Quadranten verändert auch alle anderen. Ein vertrauensvolles Klima kann dagegen sowohl den Bereich des „Vermeidens und Verbergens" reduzieren, als auch die Chance bieten, durch Kontakte mit anderen Gruppenmitgliedern mehr über sich selbst, über den Bereich des „Blinden Flecks" zu erfahren und damit dem Bereich des „freien Handelns" größeren Raum zu geben.

Dieses entspannende und vertrauensvolle Klima, das Einzelne möglichst umfassend in den Gruppenprozess mit einbezieht, stellt sich jedoch erst durch intensive Kontakte der Teilnehmenden untereinander und durch Vertrautheit mit den verschiedenen Aspekten dessen her, was die Gruppe prägt.

Erst wenn in Bezug auf Ziele und Normen, die Struktur und die Stellung in der Gruppe ein alle Mitglieder befriedigender Konsens hergestellt ist, kann ein gutes Gruppenklima und die umfassende Aktivität aller Mitglieder erwartet werden.

Dieses Analyseschema des Johari-Fensters kann auch auf Gruppen in Sicht auf andere, z.B. übergeordnete Gruppen angewendet werden.

Hier finden sich im Quadranten A die Motivationen und Verhaltens-weisen, die der Gruppe und Anderen sichtbar sind.

Im Quadranten B finden sich die Verhaltensweisen, die für Außen-stehende deutlich die Gruppenzugehörigkeit erkennen lassen und ein breites Feld von Vorurteilen und Ausgrenzungen zulassen. Außerdem finden sich hier die Verhaltensweisen wieder, die zwar anderen Grup-pen, aber nicht der eigentlichen Gruppe bekannt sind.

Im Quadranten C verbergen sich interne Dinge, welche nach Außen nicht weitergegeben werden sollen, etwa aus Gründen der Sicherheit oder auch aus Scham. Gerade im Hinblick auf die Gruppenidentität ist dieser Punkt bei einer konformen Gruppe deutlich ausgeprägt. Ein Mitglied aus einer geschlossenen Gruppe „plaudert" nicht so schnell etwas aus.

Der Quadrant D wird bei einer intensiven Zusammenarbeit wahr-scheinlich immer kleiner, da ständig eine Art des Feedbacks (verbal oder nonverbal) stattfindet und man sich so immer genauer definiert.

Problemlösungsschritte oder: Strategie einer Vorgehensweise beim Führungskräftetraining und Übungen

Problemdefinition

- Womit sind wir unzufrieden?
- Was stört uns?
- Welche Konflikte, Spannungen, Schwierigkeiten haben wir in letzter Zeit bemerkt?
- Was behindert unsere Arbeit?
- Wie wirkt sich das Problem aus?
- Was möchten wir gerne verändern?
- Wie wollen wir das Problem benennen?

Das Problem (zunächst) als Frage formulieren

Nicht!!!   „Ineffektive Meetings sind unsere Probleme"

Sondern!!! Angenommen, ineffektive Meetings wären unser Problem, was fällt Ihnen dazu ein?

Die Sichtweise wird so objektiver.

Brainstorming zur gefundenen Fragestellung

Lei(d)t-Fragen zum Brainstorming

- Was ist unser Problem?

  _____

  _____

- Was ist nicht unser Problem?

  _____

  _____

- Wann tritt das Problem auf?

  _____

  _____

- Wann tritt das Problem nicht auf?

  _____

  _____

- Wo taucht es auf?

  _____

  _____

- Wo taucht es nicht auf?

  _____

  _____

- Woran ist das Problem zu erkennen?

  _____

  _____

Ziele formulieren

Was wollen wir erreichen? Sie haben das Problem und seine Ursachen in den bisherigen Schritten analysiert, die Richtungen für mögliche Lösungen bestimmt; jetzt den Sollzustand festlegen!

Weshalb Ziele setzen?

* Damit man weiß, was man erreichen möchte.
* Klarheit über Endzustand.
* Kontrolle des eigenen Fortschrittes.
* Motivation.
* Konzentration auf das Wesentliche.

Vorgehensweise bei Zielformulierung?

* Ziele positiv formulieren.
* Teilziele setzen.
* Ziele konkret formulieren.

Ideen finden

* Brainstorming.
* Mindmapping.
* Analogien.
* Direkte Analogie aus Natur, Technik.
* Persönliche Analogie,
* Symbolische Analogie (Vogelzug, Gestirne, ...).
* Geleitete Phantasien – „Wenn ich der König wäre ..."

Entspannung

Durchführung der Phantasie-Reise ...

Besprechung

Klärungsprozesse für Führungskräfte im Coaching

Klärungsprozess 1
Methodik: Einzelarbeit – Dialog – Gruppengespräch

Prägende Erfahrungen im Umgang mit Führung

In unseren unterschiedlichen Lebensabschnitten waren verschiedene Menschen mächtig, einflussreich, beeinflussend, richtungweisend. Gehen Sie in Gedanken durch die unterschiedlichen Lebensabschnitte! Welche Menschen habe ich als mich führend und mächtig erlebt?

- im Beruf
- bei Projekten
- in der Weiterbildung
- in der Ausbildung
- bei der Bundeswehr
- in der Lehre
- im Studium
- in der Schulzeit
- im Elternhaus

Entscheiden Sie sich für eine Person, über die Sie genauer nachdenken!

- Wodurch war diese Person für mich führend und mächtig?

  _____

  _____

- Wodurch war sie für mich Autorität?

  _____

  _____

- Wie war ihre Ausstrahlung?

  _____

  _____

- Welche Atmosphäre hat sie verbreitet?

  _____

  _____

- Was habe ich von dieser Person gelernt?

  _____

  _____

- Was habe ich übernommen (Verhaltensweisen, Werte, Haltungen ...)?

  _____

  _____

- Woran orientiere ich mich bis heute?

  _____

  _____

- Wovon grenze ich mich ab?

  _____

  _____

- Was löst bis heute Widerstand in mir aus?

  _____

  _____

Im Dialog: Erzählen Sie einem Übungspartner von ihren Gedanken!

Gruppengespräch über die Erfahrungen mit Übung!

Klärungsprozess 2

Fallbeispiel:

Mitarbeiter aus einer Produktionsschiene beschweren sich über Ihren Schichtleiter. Er habe keine Zeit für Gespräche über Verbesserungen im Arbeitsablauf und verweise einfach darauf, dass man lieber seine Arbeit machen solle. Auch bei persönlichen Anliegen der Mitarbeiter verhalte er sich sehr abweisend.

Da Sie sich als Führungskraft Sorgen um die Produktivität und das Betriebsklima machen, haben Sie den Betreffenden zu einem Gespräch gebeten.

• Welche Gründe könnten für das Verhalten des Schichtleiters bestimmend sein?

_____

_____

• Welche Minimalziele haben sie für das Gespräch?

_____

_____

• Welche Mitarbeiter und Mitarbeiterinnen haben Maximalziele für dieses Gespräch?

_____

_____

• Welche Informationen wollen Sie erhalten?

_____

_____

• Welche Informationen wollen Sie geben?

_____

_____

- Welche Maßnahmen schlagen Sie vor?

_____

_____

_____

Klärungsprozess 3
Methodik: Einzelarbeit – Dialog – Gruppengespräch

Vorbilder und Modelle für Ihr Führungsverhalten

Ziel = Klarheit über die Frage: _„Wie und wodurch führen Menschen in Ihrer Umgebung?"_

Wählen Sie aus Ihrem beruflichen Umfeld eine Person und beantworten Sie folgende Leitfragen:

- Wie nimmt Sie Einfluss?

_____

_____

- Womit und wie setzt sie sich durch?

_____

_____

- Folgt man ihren Wünschen, Vorschlägen und Anweisungen gern?

_____

_____

- Was kann ich von diesen Personen lernen?

_____

_____

- Was möchte ich anders gegenüber Mitarbeitern und Mitarbeiterinnen machen?

_____

_____

Im Dialog: Erzählen Sie einem Übungspartner von ihren Gedanken!

Gruppengespräch über die Erfahrungen mit Übung!

Klärungsprozess 4

Wie nehme ich Einfluss? – zum Beispiel durch Fachkompetenz, soziale Fähigkeiten, qua Amt, direkt oder indirekt.

Gehen Sie gedanklich durch die Lebensbereiche:

- Arbeit und Leistung,
- Kontakte und Beziehung,
- Wohnen,

und beantworten Sie folgende Fragen:

- Auf welche Weise nehme ich Einfluss?

_____

_____

- Was würden meine Freunde dazu sagen?

_____

_____

- Gewinne ich dort Einfluss, wo es mir wichtig ist?

_____

_____

- Wie gehe ich mit Einfluss gegenüber Mitarbeitern und Mitarbeiterinnen um, dort, wo andere von mir abhängig sind?

_____

_____

- Was möchte ich verändern?

_____

_____

Klärungsprozess 5

Fallbeispiel

Sie machen sich etwas Sorgen um einen „guten" Mitarbeiter.

Herr XY ist seit etwa drei Jahren bei Ihnen.

Er ging mit Schwung an seine neue Vertriebsaufgabe und kam auch mit den Kunden gut zurecht.

Seine Leistungen haben Sie bereits mit einer Prämie gewürdigt. Neuerdings fällt Ihnen auf, dass sich Kunden – bereits zweimal – über Herrn XY beklagen (Angebot verspätet abgegeben, Termin versäumt etc.)

Als er heute auch beim Abschlussmeeting erst kurz vor Schluss erschien, haben Sie beschlossen, ihn zu einem Gespräch zu bitten.

Führung: „zu straff" zu „lax"?

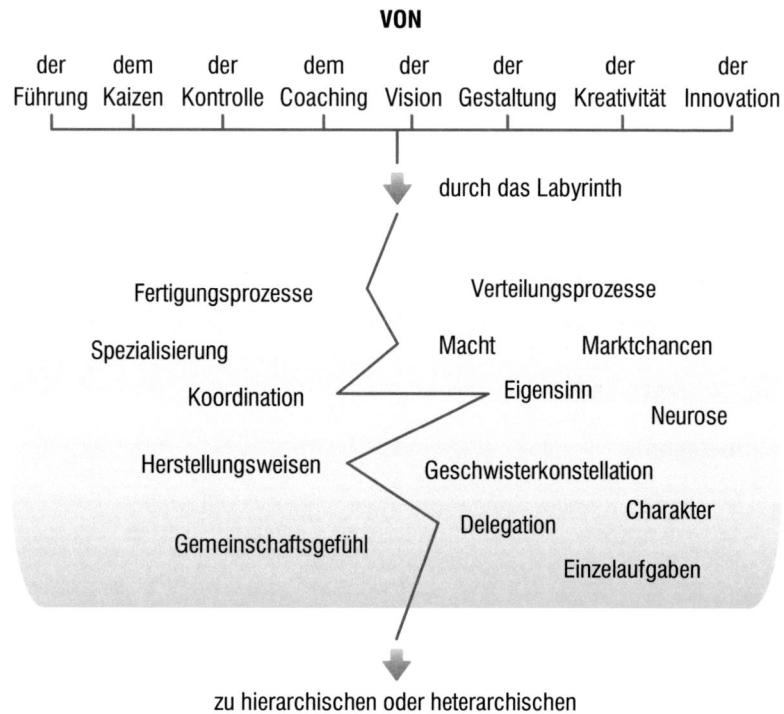

VON

der	dem	der	dem	der	der	der	der
Führung	Kaizen	Kontrolle	Coaching	Vision	Gestaltung	Kreativität	Innovation

durch das Labyrinth

Fertigungsprozesse　　　　　Verteilungsprozesse

Spezialisierung　　　　Macht　　　　Marktchancen

Koordination　　　　Eigensinn

Neurose

Herstellungsweisen　　　Geschwisterkonstellation

Charakter

Delegation

Gemeinschaftsgefühl

Einzelaufgaben

zu hierarchischen oder heterarchischen
Führungssystemen

vom griechischen Wort „heteros" = verschieden
vom griechischen Wort „archein" = herrschen

Das Schaubild zeigt, wie vielgestaltig Führungsaufgaben bestimmt und beeinflusst sind.

Einerseits bestimmen und beeinflussen Faktoren, die mit der Industriegesellschaft gegeben sind, andererseits spielen die Human Ressources eine tragende Rolle.

Dass hierarchische Systeme ihre Nachteile haben, ist seit der „öffent-lichen" Diskussion um „schlanke" Führungssysteme hinlänglich be-kannt.

Dass mehrere kleine hierarische Systeme ihre Nachteile haben, wissen wir spätestens, seitdem alle (ohne Überlegung) zu diesen Systemen „überliefen".

Weihnachten kommt immer so plötzlich oder: „Ich bin auf meine Führungsaufgaben nicht vorbereitet!"

Der Anteil der Führungsaufgaben wächst mit Hierarchiehöhe.

Je höher eine Führungskraft „steigt", um so weniger ist sie oft in der Lage, die Aufgaben zu bewältigen, um so mehr flüchtet sie in die Basisqualifikation, die sie ursprünglich dahin brachten aufzusteigen.

Das **Peter-Prinzip** ist eine These von Laurence J. Peter, die besagt, dass „in einer Hierarchie […] jeder Beschäftigte dazu [neigt], bis zu seiner Stufe der Unfähigkeit aufzusteigen.

> „Nach einer gewissen Zeit wird jede Position von einem Mitarbeiter besetzt, der unfähig ist, seine Aufgabe zu erfüllen."
>
> *Laurence J. Peter, Raymond Hull: Das Peter-Prinzip oder die Hierarchie der Unfähigen, Reinbek bei Hamburg 1972, Kapitel 1*

Was ist in den Unternehmen zu bedenken und zu tun?

Die Schulen hinterlassen nicht erst seit Pisa die offenbare Bildungs-Lücke.

Diese Lücke soll berufliche Weiter- und Fortbildung am besten im Bereich Personalentwicklung schließen.

Führung oder: Das „primus inter pares"-Modell

Diese Führungs-Kultur erfordert eine mitarbeiter-bezogene, partner-orientierte, gemeinschaftsförderliche Unternehmenskultur.

Wesentliche Aspekte sind:

• Nach dem Motto „die Treppe wird von oben nach unten gekehrt" muss die jeweils obere Hierarchie-Ebene den „neuen" Geist fördern und unterstützen.

• Jeder in einem Unternehmen ist Teil eines Gewebes, eines Beziehungsgeflechtes.

• Ein Miteinander löst das Nebeneinander und Nacheinander ab.

• Der Umgang ist von einer informellen wie professionellen Kommunikationsfertigkeit geprägt.

• Alle Beteiligten sind in konzeptionelle Bearbeitungsphasen eingebunden, adäquat informiert.

• Jeder ist psychologisch geschult und begibt sich auf einen individuell abgestimmten Bildungs- und Entwicklungspfad hinsichtlich der Gemeinschaft des Unternehmens im Rahmen der Globalisierung. Diese **Globalisierung** ist der Vorgang der zunehmenden weltweiten Verflechtung in allen Bereichen (Wirtschaft, Politik, Kultur, Umwelt, Kommunikation etc.). Diese Verdichtung der globalen Beziehungen geschieht auf der Ebene von Individuen, Gesellschaften, Institutionen und Staaten.

• Das Unternehmen schafft hierzu, oder beteiligt sich hierzu an Personalentwicklungsmodellen eines Weiterbildungsmodells, das dem Wesen nach dem „selbsttätigen Lernen" den Vorzug gibt.

• Keiner weiß mehr alles.

• Ziele, Maßnahmen, Abläufe, Strukturen, Menschen müssen koordiniert werden.

Anforderungen an einen Über-Menschen?
oder: Auf die Formulierung kommt es an!

Es gilt als eine der Todsünden der Kommunikation „Ratschläge zu geben", „moralisierenden Druck auszuüben", d. h. wir lehnen es ab, Formulierungen ausschließlich in Form von Appellen und Sollensvorschriften zu äußern („Die Führung sollte Vertrauen in die individuelle Fähigkeiten der Mitarbeiter haben!"), weil ihre Wirkung gering ist, da keine Operation beschrieben wird, eine Messbarkeit nicht deutlich wird.

Empfehlenswert ist eine Checkliste, die gleichzeitig als Orientierung dient, nach dem Motto „Schau, davon könnte ich mehr machen", ohne jeglichen moralisierenden Druck, (die Option es selbst wählen zu können, hat schon immer den größten Effekt.)

Checkliste (als Chance und Impuls „Mach mehr davon")

• Ich habe heute durch folgende Handlung als Vorbild gedient:

_____

_____

• Ich habe heute folgende Impulse für meine Mitarbeiter gegeben:

_____

_____

• Ich habe heute dem/der Mitarbeiter/in _____ zugehört und kann das Gesagte zusammenfassend wiederholen:

_____

_____

- Ich habe auf Verhaltensweisen folgendermaßen Feedback gegeben:

  _____

  _____

  _____

- Ich habe heute auf Wünsche der Mitarbeiter folgende Alternativen gegeben:

  _____

  _____

  _____

- Ich habe in gemeinsamen Gesprächen folgende weiterführende Fragen gestellt:

  _____

  _____

  _____

- Ich habe mit folgenden Mitarbeitern informelle Gespräche geführt und kann die wesentlichen Vorschläge, Wünsche wiederholen:

  _____

  _____

  _____

- Ich habe ein Meeting durchgeführt, in dem ein/e Mitarbeiter/in die Leitung hatte:

  _____

  _____

- Ich bin dem Wunsch für ein privates Gespräch gefolgt:

  _____

  _____

- Ich vereinbare klare Ziele in Einzelgesprächen, die folgendermaßen formuliert sind:

  _____

  _____

  _____

- Ich habe heute folgende Aufgaben delegiert:

  _____

  _____

- Ich habe heute folgende Kompetenzen delegiert:

  _____

  _____

- Ich habe heute folgende Verantwortung delegiert:

  _____

  _____

- Ich habe heute folgende Informationen weitergegeben:

  _____

  _____

- Ich habe heute folgende Weiterbildungsmaßnahme geplant:

  _____

  _____

- Ich habe heute folgendes Konfliktgespräch zwischen Mitarbeiter x und Mitarbeiter y geleitet:

  _____

  _____

  _____

Transaktions-Analyse oder: Das Phänomen der inneren Stimme(n)

Kurzübersicht: Transaktionsanalyse

Die Transaktionsanalyse (TA) ist ein aus der psychoanalytischen Theorie abgeleitetes psychotherapeutisches Verfahren, dessen Begründer der amerikanische Psychiater Eric Berne (1910–1970) ist.

Die TA setzt drei teilweise untergliederte Ich-Zustände voraus und untersucht die Kommunikation, die damit verbundenen Transaktionen, zwischen verschiedenen Ich-Zuständen, sowohl intern, in einer Person sich ereignend, als auch extern, zwischen zwei Individuen.

Die Transaktionsanalyse ist insofern nicht nur ein psychoanalytisches Verfahren, sie stellt auch eine Theorie der menschlichen Persönlichkeit dar, da die Art der Kommunikation innerhalb der Persönlichkeit Auswirkungen in ihren Ergebnissen für die Gesamtpersönlichkeit hat.

Ziel der TA

Das Ziel der TA ist ein Akzeptieren der eigenen Person (Ich bin o.k. so wie ich bin, auch mit meinen Defiziten) und ethisch notwendigerweise eine Veränderung des gewohnten, bislang gelebten eigenen Verhaltens. Der zweite Teil geht in egozentrischen Selbstverwirklichungsideologien oft unter.

Die so gewonnene Klarheit gegenüber eigenen Gefühlen und Wertungen hilft dem Klienten Handlungsspielraum gegenüber anderen Menschen zu gewinnen, weil er durch den trainierten (intrapersonellen) Dialog in der Lage ist, Klarheit auch über die tatsächlichen Erwartungen seines Gegenübers zu erreichen.

Das Ziel der Kenntnisse über die Transaktionsanalyse ist es, besonders in schwierigen Situationen adäquat agieren und reagieren zu können.

Sowohl im persönlichen, wie im professionellen Bereich, ist die Kenntnis der Transaktionen von Bedeutung und eine wertvolle Hilfe im Umgang mit kritischen Partnern oder aufgebrachten, enttäuschten oder Hilfe suchenden Personen.

Transaktionsanalyse oder „Das Phänomen der inneren Stimme" von Eric Berne (Psychoanalytiker)

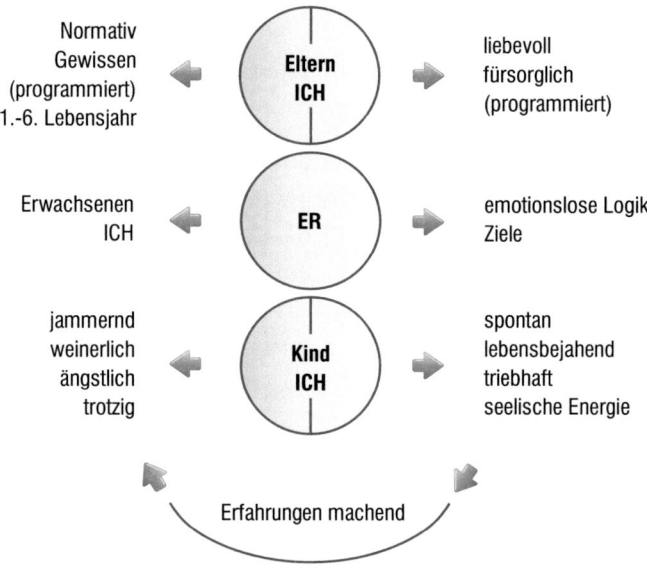

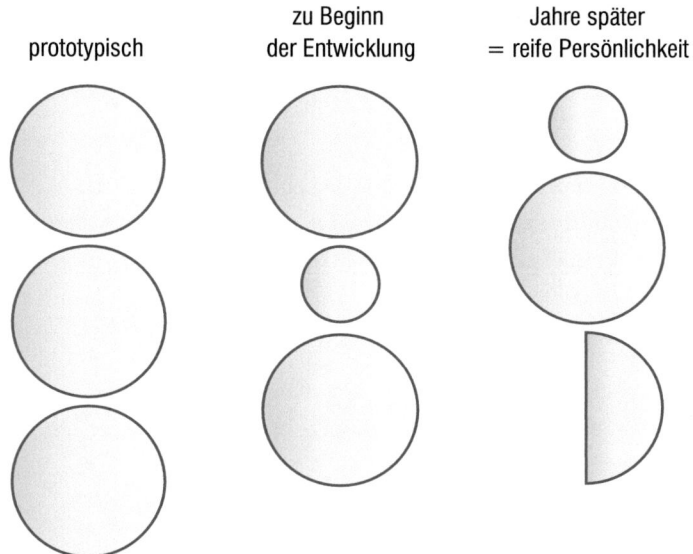

prototypisch   zu Beginn der Entwicklung   Jahre später = reife Persönlichkeit

Transaktionen

Als Transaktion werden die Äußerung einer Person sowie die direkte Reaktion darauf bezeichnet. Es wird nun untersucht, aus welchem Ich-Zustand beide Teile der Transaktion im Rahmen ihrer Kommunikation reagiert haben.

Erfolgt die Reaktion aus dem angesprochenen Ich-Zustand, nennt man sie eine parallele Transaktion. Parallele Transaktionen werden in der Regel parallel fortgesetzt.

Erfolgt die Transaktion aus einem unerwarteten Ich-Zustand, wird sie gekreuzte Transaktion genannt. Gekreuzte Transaktionen ziehen häufig bei einem oder bei beiden Gesprächspartnern einen Ich-Zustandswechsel nach sich.

Von verdeckten Transaktionen spricht man dann, wenn unter einer offenen Botschaft noch eine zweite liegt, die meist nonverbal aus einem anderen Ich-Zustand als dem der offenen Botschaft vermittelt wird. Verdeckte Botschaften münden – wenn sie nicht bewusst gemacht und offen angesprochen werden – häufig in psychologischen Spielen.

Die Transaktionsanalyse teilt das Seelenleben schematisch – wie auf dem Schaubild – in drei Teile ein. Der mittlere Teil auf dem Schaubild, das Erwachsenen-Ich, symbolisiert unsere Logik, mit der wir kühl und zielführend, ungestört von Gefühlen, das tun könnten!!!!!!, was der Verstand uns aufgibt.

Leider mischt sich aber ein Teil des Kind-Ichs ein, siehe der untere Teil des Schaubildes, der unser biographisch gewachsenes Ich in früher Kindheit darstellt.

Ein weiterer Teil des Seelenlebens bildet sich während der ersten sechs Lebensjahre heraus, das Eltern-Ich. Es ist einerseits die Sammlung aller normativen Regeln der Umwelt, wie andererseits die förderliche Komponente des Seelenlebens. Beide Teile wirken jedoch wie programmiert und unflexibel.

Ich bin o.k. – Du bist o.k. – aber realistisch, bitte!

Vorsicht: Gefühlsausbeuter

Für die Kopplung der TA mit führungspsychologischen Ansätzen ist die Theorie der zwei Persönlichkeits-Typen von besonderer Bedeutung.

Menschen mit Beziehungsstörungen im weitesten Sinne lassen sich in zwei Gruppen einteilen: In solche, die zwischen dem 1. bis 6. Lebensjahr „round about" (Siehe Ent-Wicklung und Persönlichkeit) ihre Streicheleinheiten meist durch dominantes Verhalten bekommen haben, zumindest glaubten sie, es so erreichen zu müssen und solche, die in diesem Alter durch unterwürfiges, angepasstes Verhalten zu ihren Streicheleinheiten gekommen sind.

Beiden Typen ist gemeinsam, dass sie sich heute so verhalten, als ob (Und hier liegt ein Problem: „als ob", d. h., man reagiert prophylaktisch auf etwas, was sich noch gar nicht realisiert hat) sie ständig zu wenig Streicheleinheiten bekämen.

Der **Ausbeuter-Typ 1** ist hilflos, motzend, wohlgemerkt: „immer noch" ausbeuterisch. Er lädt andere dazu ein, auf ihn fürsorglich oder kritisch zu reagieren. Er verhält sich also aus dem Kindheits-Ich und der Position „Ich bin nicht o.k. – Du bist o.k." heraus.

Der **Ausbeuter-Typ 2** ist hilfreich oder befehlerisch. Er sorgt dafür, dass andere auf ihn dankbar oder rebellisch reagieren. Er verhält sich also aus dem Eltern-Ich und der Position „Ich bin o.k. – Du bist nicht o.k." heraus.

Oft leben zwei solche entgegengesetzte Typen in einer Symbiose. Aber auch „normale" Menschen sind ihrer Tendenz nach in einer Persönlichkeit zusammmen anzutreffen, wobei es sich oft nur um 60:40-Entscheidungen handelt:

Typ 1 ist „untersicher". Er denkt, dass andere alles besser können als er selbst. Menschen wie er sind so zusagen von Natur aus eher Gefolgsleute als Führerpersönlichkeiten.

Typ 2 ist der α-Typ; gespielt „übersicher". Er denkt, dass er – besonders in Krisensituationen – der bessere Führer ist, auch wenn er nicht unbedingt die entsprechenden Qualifikationen oder Kompetenzen besitzt.

Da die Typ-Entwicklung unabhängig von der Entwicklung der Intelligenz und der beruflichen Fähigkeiten ist und sich zeitlich vor der Festlegung der diversen Rollen abspielt, ergibt sich das Dilemma, dass sich auch intelligentere und qualifiziertere Typ-1-Personen von fachlich schwächeren Typ-2-Führern leiten lassen.

Das schon erwähnte **Peter-Prinzip**, nach dem jeder Mensch irgendwann einmal solange befördert wird, bis er den Job nicht mehr „kann", also die Stufe seiner beruflichen Inkompetenz erreicht, muss also dahingehend relativiert werden, dass dies nur dann geschieht, wenn er eine zu seinem Typ in Opposition stehende Rolle einnimmt, wenn etwa ein Typ 1 in eine Führungs-Position gedrängt wird oder wenn ein Typ 2 dienende Tätigkeiten ausüben soll.

Probleme gibt es natürlich auch dann, wenn ein Typ 2 zwar aufgrund seiner Ellenbogen in eine Führungsposition geklettert ist, aber fachlich unterqualifiziert ist.

Ich bin o.k. – Du bist o.k. – aber realistisch, bitte!

Eine idealistisch überzogene Veränderung der eigenen Einstellung hin zu der Position „Ich bin o.k. – Du bist o.k." führt oft dazu, dass die Frustrationen, die daraus erfolgen, einen Rückfall in die Abwehr-Position „Ich bin nicht o.k. – Du bist nicht o.k." bewirken. Denn die Veränderung der eigenen Einstellung und Verhaltensweisen hat nicht automatisch eine Veränderung der Umwelt zur Folge.

Die günstigste Einstellung, die wir erreichen können, ist: „Ich bin o.k. – Du bist o.k. – realistisch".

Sie basiert auf der Fähigkeit, das Erwachsenen-Ich (Ratio) einzusetzen und mit Frustrationen wirklichkeitsgerecht umzugehen.

Aus einer solchen realitätsgerechten Einstellung heraus ergibt sich dann oft der so genannte Dreiecks-Kontrakt, der zum Beispiel im Falle eines Führungstrainings so aussehen kann:

„Firma (Auftraggeber) – Seminarteilnehmer – Trainer".

Die Definition des zweiseitigen Vertrags „Trainer – Teilnehmer" ist erst dann realistisch und transparent, wenn beide Parteien daran erinnert worden sind, dass sie auch einen Vertrag mit dem Auftraggeber haben.

Diese Technik, die noch weiter differenziert werden kann (Vierecks- oder Fünfecks-Verträge), soll verhindern, dass „Rabattmarken" für unausgesprochene, schlechte Gefühle gesammelt werden und unrealistische Erwartungen und Phantasien gepflegt werden.

Negative Streicheleinheiten sind kein Spiel-„Gewinn"

Betrachten wir die Aussage A. Adlers, dann wissen wir, dass das finale Denken genau dies vermutet, mit welchem Zweck, mit welchem Ziel macht „jemand" etwas, welchen Gewinn hat er, trotz seines „eigenen" Preises, den er persönlich zahlt.

Hier sollte nicht die Logik entscheidend sein, sondern die Psychologik. Der Gewinn kann in keinem Verhältnis zu seinem Einsatz stehen.

Führungsstile

Ein Führungs-Verhaltensmodell von Blake/Mouton hat sich wie kaum ein anderes Modell bewährt und besticht durch seine Einfachheit. Die Autoren benutzen hierbei Führungsstile, die schon bei dem Psychologie-Heroen Kurt Lewin unterschieden wurden. In dem so genannten autoritären Führungsstil werden die von dem Geführten auszuführenden Aufgaben rigide vorstrukturiert.

Führungsverhalten

Entscheidungsspielräume des Vorgesetzten: **Autokratischer** versus **demokratischer** Führungsstil.

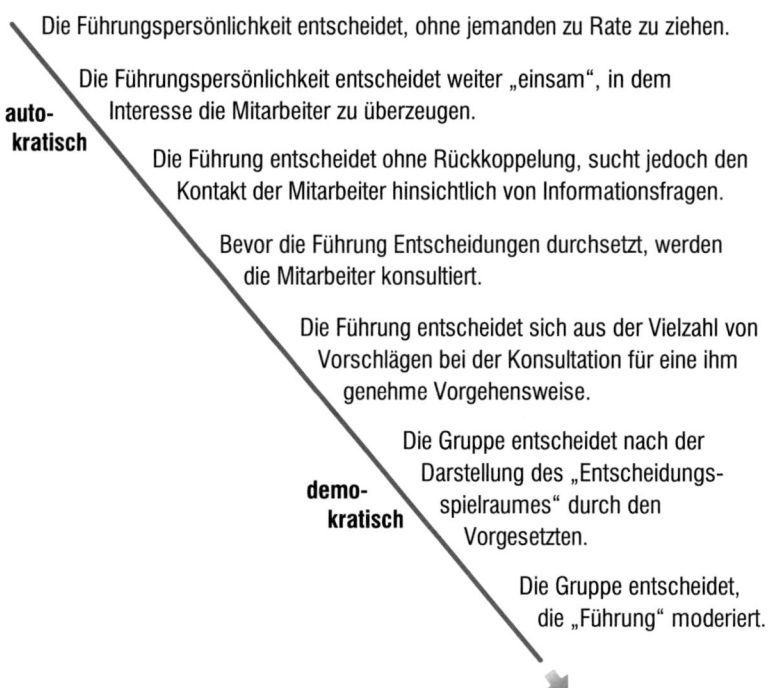

Test: Erkennen Sie Ihren Führungsstil

Bewerten Sie folgende Fragen für sich selbst:

Frage	oft	manchmal	selten
Entscheidungen stehen an, ich treffe die Entscheidungen allein!	☐	☐	☐
Ich bespreche die Ziele mit meinen Mitarbeitern!	☐	☐	☐
Ich kommuniziere förderlich und gleichberechtigt mit meinen Mitarbeitern!	☐	☐	☐
Ich sorge für sofortige und transparente Information!	☐	☐	☐
Ich verzichte auf ständige Kontrolle der Arbeitsleistung der Mitarbeiter!	☐	☐	☐
Ich fördere meine Mitarbeiter durch Weiterbildung so, dass ihnen Karrieremöglichkeiten eröffnet werden!	☐	☐	☐
Ich gebe den Mitarbeitern regelmäßig Feedback über ihre Leistungen!	☐	☐	☐
Ich fordere das Feedback meiner Mitarbeiter zu meiner Führung!	☐	☐	☐

Demokratische Führung bedeutet, dass die Mitarbeiter in Entscheidungsprozessen konsultiert und einbezogen werden. **Demokratie** (griechisch, von *dēmos*, „Volk", und *kratía*, „Herrschaft", wörtlich: Herrschaft des Volkes) ist ein politisches System, dessen typische Merkmale freie Wahlen, das Mehrheitsprinzip, das Respektieren politischer Opposition, Verfassungsmäßigkeit und Schutz der Grundrechte sind. Dass der demokratische Führungsstil nur wenig mit dem ursprünglichen Begriff zu tun hat, ist offensichtlich.

Laissez-faire hat im günstigsten Fall die Freiräume der Mitarbeiter im Sinn, bedeutet also als Führungsstil, minimale Eingriffe in die Handlungsspielräume des Mitarbeiters.

„**Laissez-faire**" ist ein aus dem Französischen entlehnter Begriff und heißt übersetzt „lasst machen" im Sinne von „einfach laufen lassen".

Blake und Mouton untersuchten verschiedenste Führungsstile, wobei sie schließlich zwei wesentliche Dimensionen erkannten. Die leistungsorientierte und mitarbeiterorientierte Führung zeichneten sich als die Extrempole zwischen **autoritärem** und **sozialem** Führen aus.

In der graphischen Darstellung wird deutlich, dass es nicht eine Frage ist, welcher Führungsstil der bessere sei, sondern:

„Wann? Welcher Führungsstil?"

Mitarbeiterorientierung,
Extremes Bemühen um Mitarbeiter,
Produktion im Hintergrund,
Atmosphäre im Vordergrund

Produktion **und** Mitarbeiter
im Fokus

Geringes Einwirken auf
Produktionsverlauf und Mitarbeiter

Produktion im Vordergrund,
Mitarbeiter im Hintergrund,
Leistungsorientierung

Die meistdiskutierten Führungs-Stile

Es gibt drei klassische Führungsstile:

- Auto-kratischer Führungsstil
- Demo-kratischer Führungsstil
- Laissez-faire „Führungsstil"

Auto-kratischer Führungsstil

- Die Führungspersönlichkeit entscheidet alleine, meist ohne Begründung.
- Mitarbeiter werden als Vollstrecker gesehen.

Der Begriff **Autokratie** (griechisch, von *autós*, „selbst", und *kratein*, „herrschen") bedeutet **Selbstherrschaft**, also eine durch sich selbst legitimierte Herrschaft. Als *Autokraten* bezeichnet man dementsprechend einen **Selbstherrscher**, der in einem bestimmten Gebiet die Herrschaftsgewalt aus eigener Machtvollkommenheit ausübt.

Demo-kratischer Führungsstil

Durch die Einbeziehung der Mitarbeiter in Entscheidungen werden gemeinsame Kommunikationsmuster notwendig.

Laissez-faire „Führungsstil"

Die Mitarbeiter haben nach meist kurzer Vorstellung der Aufgabe die ganze Freiheit, „es zu machen".

> „Willst du Menschen führen, so gehe hinter ihnen her."
>
> *Laotse*

Eine Unzahl an Büchern beschäftigt sich mit der richtigen Art zu führen. Jedes dieser Bücher hat den „richtigen" Weg und das kommt jedem Leser schon verdächtig vor. Wenn er dann über die Anzahl der „richtigen" Wege nachdenkt, ist das noch verdächtiger. Es werden Ratschläge gegeben, den „alten" Römern oder dem Dalai Lama nachzueifern, inneren Frieden zu erreichen, Fehler zu untersuchen, Charisma anzustreben, integer und authentisch zu sein, die kosmischen Regeln zu befolgen, was immer diese sind, und wenn wir sie nicht kennen sollten, können wir den Guru XY befragen.

In der Schlammschlacht namens „Markt"

„Umsetzen" heißt, „das jeweilige" Produkt, sei es Dienstleistung oder z. B. ein Auto, zu verkaufen. Marketing geschieht an der Front, an der Verkaufsfront, und da geschieht, passiert, ereignet sich Führung. Führung braucht Mut und die Verkaufsfront ist überall. Man muss Verantwortung übernehmen, besser [Ver-]Antwort[-ung] geben, Entscheidungen treffen. Dass bei diesen Ein-Griffen Konflikte vorprogrammiert sind, hat jeder schon erfahren. Es hat viel mit Gefühlen zu tun. Gefühlen, den Dingen nicht gewachsen zu sein, sich klein zu fühlen, Gefühlen der Aggression, der Wut, der Eifersucht … (Sie merken schon, es spielen viele Gefühle eine Rolle!) Keine Darstellung zeigt dieses Phänomen so schön einfach, wie das Eisbergmodell. Das Eisbergmodell beschreibt die alte Wahrheit Goethes im Faust 1:

> Und wenn du ganz in dem Gefühle selig bist,
> Nenn es dann, wie du willst,
> Nenn's Glück! Herz! Liebe! Gott
> Ich habe keinen Namen
> Dafür! Gefühl ist alles;
> Name ist Schall und Rauch,
> Umnebelnd Himmelsglut.

Tatsächlich meint der „Gott" der deutschen Sprache, dass ein Begriff nichts gegen die damit verbundene Gefühlswelt ist. Und tatsächlich kann jeder diese Erfahrung im Konfliktfall machen.

Eisbergmodell

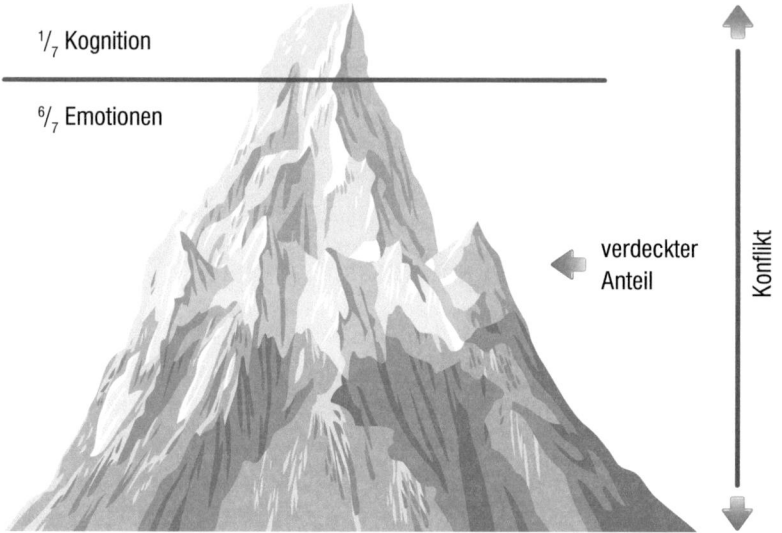

$^1/_7$ Kognition

$^6/_7$ Emotionen

verdeckter Anteil

Konflikt

Viele Konfliktdefinitionen berücksichtigen diesen Umstand, indem sie von Konflikten überhaupt erst reden, wenn die Gefühlsseite angesprochen und berührt ist; sachliche Differenzen allein zählen nicht als Konflikt. Ein Konflikt ist tatsächlich vergleichbar mit einem Eisberg:

Der kleinere Teil an der Oberfläche ist sichtbar und im Bewusstsein, was die Konfliktlösung so schwierig macht.

Wenn die unsichtbaren Zusammenhänge ans Licht kommen, verstehen sich die Beteiligten und die andere Person. Das „an die Oberfläche bringen" der verborgenen Zusammenhänge ist vielleicht die wichtigste Aufgabe eines Mediationsgespräches. Wenn das gut gelingt, fühlen sich die Beteiligten hinterher immer erleichtert. Sei dies theoretisch wie es sei, die Emotionen bestimmen unseren „Kurs". Ein Leuchtturmblick mit viel Abstand macht dies schnell deutlich.

Die fernöstlichen Weisheitslehren sind sehr skeptisch gegenüber dem, was unsere moderne, jedoch nachkriegszeitmäßig beeinflusste „Verwöhnaroma" –Einstellung beinhaltet, nämlich den Gefühlen einen so großen Raum zu geben, was ja eine Interpretation des Eisbergsmodells zulässt.

So geht die buddhistisch geprägte Lehre davon aus, dass das Sinnes-Bewusstsein unsere Sinneskontakte bewerkstelligt.

Unsere Sinne sind jedoch kein Vergnügungslokal im Sinne dieses Denkens, sondern Überlebensprogramm. Unweigerlich folgt dem Sinneskontakt das Gefühl, das entweder angenehm, unangenehm oder neutral ist.

Der nächste Schritt, der oft unbemerkt verläuft, ist die Wahrnehmung, das Etikettieren, und danach kommt die Reaktion, Geistesformation genannt.

Alle vier Schritte sind im Geist vorhanden, aber den Schritt, den wir am besten kennen, ist der vierte, unsere Reaktion.

Aber eines Tages sollten wir in der Lage sein, entsprechend dieser Lehre und dem Denken unserer Disziplin, das angenehme oder unangenehme Gefühl gar nicht erst zu etikettieren, sondern es einfach wahrzunehmen und dann passieren zu lassen.

Die erste Einsichtsstufe bringt bereits Glück, so der Buddhist. Sie ermöglicht uns, nicht immer auf den Körper zu reagieren, wodurch wir weniger „Stress" mit uns und anderen haben.

Führung korrespondiert mit Abhängigkeit, zumindest gefühlter, gedachter Abhängigkeit, denn letztlich ist kein Mensch abhängig.

Victor Frankl, der im Konzentrationslager diese Lebenslehre besonders dramatisch erlebte, drückte es so aus, dass der Mensch immer die Wahlfreiheit zur Reaktion hat, niemals ein Reiz-Reaktionsmechanismus ist, der automatisch funktionieren muss.

Zurück zur „gewöhnlichen", gefühlten, gedachten Abhängigkeit des „Normal-Menschen". Souveränität wird auch durch die Erfahrung mit Hierarchien eingeschränkt, denn plötzlich tauchen diese Prägungen auf, man hat Angst, zeigt sich devot, ist aggressiv oder trotzig, still oder laut. Alte Programme des Verhaltens scheinen auf geheimnisvolle Weise geweckt zu werden.

Eine **Übung**, die hilft, die eigene Prägung durch Führungs-Persönlichkeiten wahrzunehmen.

Bitte beantworten Sie diese Fragen schriftlich, versuchen Sie assoziativ ohne lange Überlegungen zu antworten!

- Welche Menschen meiner Kindheit und Jugend habe ich als Führungspersonen wahrgenommen, erlebt, ertragen?

  _____

  _____

- Was haben diese Personen auf mich ausgestrahlt?

  _____

  _____

- Welche Atmosphäre haben sie verbreitet?

  _____

  _____

- Was habe ich mir abgeschaut?

  _____

  _____

- Was habe ich und werde ich auf keinen Fall so machen?

  _____

  _____

Die Beantwortung dieser Fragen führt zum vielschichtigen Begriff **„Macht"**, der mit Führung verbunden ist. Ein Beziehungsgefüge macht die Vielgestaltigkeit deutlich:

Macht hat ihre Wurzeln in einem Verhältnis der gefühlten, gedachten oder tatsächlichen Abhängigkeit. Abhängigkeit hat also auch in freiwilliger Bedingtheit ihre Wurzeln, wenn ein Mensch auf Status, Anerkennung, Liebe, Sexualität, Geld usw. nicht zu verzichten glaubt.

Im Nicht-Haben, im Nicht-Haben-Wollen und im Verzicht, im Los-Lassen liegt also die Lösung von diesen (angeblichen) Abhängigkeiten, der Unfreiheit.

Die Schlussfolgerung wäre also, wer freie Mitarbeiter, (Lebens-)Partner haben will, sollte es mit Menschen zu tun haben, die verzichten können, loslassen können, nicht haben wollen.

Zweifellos ist das die Kraftquelle der „Albert Schweitzers, Gandhis, Dalai-Lamas und Mutter Theresas".

Nun weiß jeder Mensch, dass man den lieben Mitarbeiter oder Partner ganz legal schikanieren kann, was aber eben doch unmoralisch ist.

Führung und die damit verbundene Macht verliert ihr moralisches Fundament, wenn die Führungsziele ausschließlich den persönlichen Interessen und nicht dem Gemeinnutz gelten. Wir wollen gar nicht darüber nachdenken, wer jetzt alles durchs „Gemeinwohlsieb" fällt.

Aber selbst, wenn wir vom kategorischen Imperativ Immanuel Kants „*Behandle andere wie ...*" absehen (*„Handle nur nach derjenigen Maxime, durch die du zugleich wollen kannst, dass sie ein allgemeines Gesetz werde.*"– Immanuel Kant: AA IV, 421,) und in den Niederungen des Führungsalltags mit seinen eigenen Erfordernissen zurückgehen, dann führt doch machtvolle, bevormundende Führung zu einem Gefühl des Verlustes von Autonomie, zu einem Mangel an Vertrauen, zu Motivationsverlust, Resignation, Rückzug oder Rebellion und Trotz.

Je nachdem, ob man die sog. Universalisierungs-Formel als identisch mit der **Allgemeinen-Formel** oder mit der **Autonomie-Formel** betrachtet, erscheint der **kategorische Imperativ (KI)** bei Kant in fünf bzw. sechs (für Kant gleichwertigen) Formeln in zwei Werken, nämlich der Grundlegung zur Metaphysik der Sitten und der Kritik der praktischen Vernunft (fortan: „KdpV"). Die Formeln werden von **Kant** ständig umformuliert, erklärt und miteinander verknüpft, was eine Abgrenzung schwierig macht. Die hier angegebenen Formulierungen sind also nicht die einzig existenten.

1. Handle nur nach derjenigen Maxime, durch die du zugleich wollen kannst, dass sie ein allgemeines Gesetz werde. (Universalisierungs-Formel) vgl. GMS Akademie-Ausgabe Kant Werke IV, S. 421, 6 (auch: Handle stets so, dass die Maxime deines Willens jederzeit zugleich als Prinzip einer allgemeinen Gesetzgebung gelten könne. Als § 7 Grundgesetz der reinen praktischen Vernunft in der KdpV S. 36).

2. Handle nach der Maxime, die sich selbst zugleich zum allgemeinen Gesetze machen kann. (Allgemeine Formel) vgl. GMS, Akademie-Ausgabe Kant Werke IV, S. 436, 30 – 437, 1.

3. (Handle so), dass dein Wille durch seine Maxime sich selbst zugleich als allgemein gesetzgebend betrachten könne. (Autonomie-Formel) vgl. GMS, Akademie-Ausgabe Kant Werke IV, S. 434, 12-14 (Kant erklärt dies unter anderem so: Autonomie, d. i. die Tauglichkeit der Maxime eines jeden guten Willens, sich selbst zum allgemeinen Gesetze zu machen, ist selbst das alleinige Gesetz, das sich der Wille eines jeden vernünftigen Wesens selbst auferlegt; vgl. GMS, Akademie-Ausgabe Kant Werke IV, S. 444, 30-33).

4. Handle so, dass du die Menschheit sowohl in deiner Person, als in der Person eines jeden anderen jederzeit zugleich als Zweck, niemals bloß als Mittel brauchst. (Zweck-an-sich-Formel) vgl. GMS, Akademie-Ausgabe Kant Werke IV, S. 429, 10-12.

5. Handle so, als ob die Maxime deiner Handlung durch deinen Willen zum allgemeinen Naturgesetze werden sollte. (Naturgesetz-Formel) vgl. GMS, Akademie-Ausgabe Kant Werke IV, S. 421, 18-20.

6. Demnach muss ein jedes vernünftiges Wesen so handeln, als ob es durch seine Maximen jederzeit ein gesetzgebendes Glied im allgemeinen Reich der Zwecke wäre. (Reich-der-Zwecke-Formel) vgl. GMS, Akademie-Ausgabe Kant Werke IV, S. 438, 18-21.

Wer sich gezwungen fühlt, glaubt oder es tatsächlich ist, etwas zu tun oder hinzunehmen, was er nicht will, ist in seinen menschenrechtlich garantierten Freiheiten behindert.

Hier wird die Grenze zwischen Macht und Gewalt überschritten, wenn Macht sich ausschließlich auf legale Einflussnahme bezieht.

Führung beruht in wesentlichen Passagen auf Autorität oder bloßer Macht.

Man unterscheidet drei Formen von Autorität

Der Macht qua Amt, Autorität durch fachliche Kompetenz und Autorität durch Persönlichkeit.

Autorität ist das Ansehen, das ein Mensch bei Mitarbeitern, Partnern, Gruppenmitgliedern usw. durch seine Leistung, Persönlichkeit, Tradition oder Amt hat.

Im lateinischen Wortsinn (*auctoritas* = Ansehen, das man als Urheber besitzt, abgeleitet von dem lateinischen Substantiv *auctor,* dt.: der Urheber) bedeutet Autorität, dass man einer Person besondere Aufmerksamkeit schenkt, ihren Vorschlägen und Be-Denken großes Gewicht beimisst. Autorität kann von einer Person nicht machtvoll eingefordert werden, sondern wird ihr zugeschrieben.

Mit dem Begriff von Autorität verbinden sich Eigenschaften, Kompetenzen, Tugenden, wie Klugheit, Besonnenheit, Feinfühligkeit, Großzügigkeit, Integrität, Zivilcourage, Gemeinschaftsgefühl, Authentizität, Gradlinigkeit, Unbestechlichkeit, Gerechtigkeit, Engagement, Aufrichtigkeit.

Als typische Züge des „neurotischen" autoritären Charakters werden die Unterwürfigkeit gegenüber Autoritätspersonen, außerdem Destruktivität (Zerstörungslust), Selbsterhöhung und starre Konformität beobachtet. Diese Menschen bewundern die Autorität und streben danach, sich ihr zu unterwerfen; gleichzeitig wollen sie selbst Autorität sein und andere sich gefügig machen. Zu dieser durchgehenden Orientierung an Macht und Stärke gehört eine Denkweise, die sich an Konventionen ausrichtet. Die autoritäre Persönlichkeit tendiert dazu, Ideologien zu folgen.

Exkurs: Charaktertypen

Die klassische Vorstellung griechischer Tradition unterscheidet zwischen melancholischen, cholerischen, sanguinischen und phlegmatischen Charaktertypen (oft auch als Temperamente bezeichnet), und so einfach und veraltet es erscheint, ist doch die praktische Anwendung und die Verankerung in der Sichtweise der Menschen erstaunlich groß.

Als **Melancholiker** (von altgriechisch: μέλας, gesprochen: melas, deutsch: schwarz und χολή, gesprochen: [kʰoˈlɛː], deutsch Galle) wird in der heutigen Umgangssprache ein zu Melancholie, also Schwermut, Trübsinn und Traurigkeit, aber auch zu Misstrauen und Kritik neigender Mensch bezeichnet.
Als positive Charaktereigenschaften werden dem Melancholiker Verlässlichkeit und Selbstbeherrschung zugeschrieben.

Als **Choleriker** (von altgriechisch χολή [χolæ], deutsch Galle) wird umgangssprachlich ein leicht erregbarer, unausgeglichener, jähzorniger, zu Wutanfällen neigender Mensch bezeichnet.
Als positive Charaktereigenschaften werden dem Choleriker Willensstärke, Furchtlosigkeit und Entschlossenheit zugeschrieben.

Als **Sanguiniker** (von lateinisch: sanguis, deutsch: Blut) wird in der heutigen Umgangssprache, ein heiterer, lebhafter und leichtsinniger Mensch bezeichnet.
Weiterhin wird er auch als phantasievoll, gesprächig und optimistisch beschrieben. Als negative Eigenschaften werden ihm Unstetigkeit, wenig Skrupel und häufige Exzesse zugeschrieben. Eine Kombination von emotionaler Stabilität mit Extraversion kennzeichnet diesen Charakter.

Extraversion (von lat. extrā „außerhalb" und vertere „wenden"; oft auch Extroversion) zeichnet sich durch eine nach außen gewandte Haltung aus. Extravertierte Charaktere empfinden den Austausch und das Handeln innerhalb sozialer Gruppen als anregend. Typisch extravertierte Eigenschaften sind Gesprächigkeit, Bestimmtheit, Aktivität, Energetik, Dominanz, Enthusiasmus und Abendteuerlust.

Als **Phlegmatiker** [flɛkˈmaːtikɐ] (von griechisch φλέγμα, phleg-
ma, „Hitze, Flamme, Entzündung, Schleim") wird ein Mensch bezeichnet, der langsam, ruhig und manchmal sogar schwerfällig
ist.

Dem Phlegmatiker wird häufig Trägheit oder Mangel an Lebhaf-
tigkeit unterstellt. Im positiven Sinn wird er auch als friedliebend,
ordentlich, zuverlässig und diplomatisch beschrieben.

Das Gemeinschaftsgefühl oder: Die ethische Grundlage jeglicher Führung

Der Begriff „Gemeinschaftsgefühl" ist in der heutigen Zeit ungewöhnlich. Zweifellos trifft er das Gemeinte besser, was besonders bei einer vermeintlichen Übersetzung zu „common sense" deutlich wird.

Der Ausdruck Common Sence oder **Gemeinsinn** (gr. koiné aísthesis (κοινὴ αἴσθησις), lat. sensus communis, engl. common sense, frz. bon sens) ist im Deutschen mehrdeutig und hat drei Grundbedeutungen. Er kann zum einen als Synonym zu *gesunder Menschenverstand* oder als Bezeichnung für die innerliche Grundlage eines gemeinwohl-orientiertes Denkens, Fühlens und Handelns dienen. Die Grundfrage, die hinter allem menschlichen Verhalten steht. lautet:

„Welche Kräfte beherrschen die einzelnen Handlungen?".

Der Mensch ist ein soziales Wesen, das Aristoteles als „zoon politicon" bezeichnete. In diesem Sinne hängen alle Probleme des Menschen von seiner Haltung zur Umwelt ab. Was meint Aristoteles, wenn er den Menschen als zoon politicon bezeichnet?

> *„Zoon politicon"*, meint, von Natur aus zur Gemeinschaft strebend. Der Mensch besitzt Vernunft, Sprache, … und unterscheidet sich damit vom Tier.
>
> Die Sprache dient dazu, das Nützliche und das Schädliche mitzuteilen und so auch das Gerechte und Ungerechte. Dem Mensch eigen ist das Streben nach einem Ziel/Gut.
>
> Der Mensch will nicht nur (über-)leben, sondern gut leben. Dieses „gut leben" ist sein höchstes Ziel/Gut und nur in der höchsten Gemeinschaft, der Polis, zu erreichen.
>
> Polis ist die umfassendste Ordnung des menschlichen Handelns.

In dem Moment, in dem das Individuum in einer sozialen Gemeinschaft lebt – und das ist Voraussetzung für menschliches Verhalten, da ein Eremit schon nach kurzer Zeit „durch den Wind ist" – benötigt es neue spezifisch soziale Werte und Gesetze.

Der Mensch ist nicht einfach Produkt seiner Umwelt. Der Mensch reagiert nicht nur, sondern er nimmt Stellung.

Diese Stellungnahme hängt von der Vorstellung ab, die der Mensch schon frühzeitig – im Wesentlichen in den ersten sechs Lebensjahren – im Leben erworben hat.

Wohl wirkt sich die Umwelt mitbestimmend aus, es ist aber nicht die wirkliche Umwelt, sondern die Umwelt, wie sie subjektiv erfasst wird.

Entscheidend für die Entwicklung des Charakters ist nicht der direkte Einfluss der Umgebung, sondern die Stellungnahme zu dieser Umgebung. Das Wort geht auf griechisch „charaktér" zurück und bedeutet dort ursprünglich „Prägestempel", „Prägung", und im übertragenen Sinne auch „Eigenart".

Durch

* Auflehnung
* Anlehnung
* Trotz
* Hingabe
* Anerkennung
* Abweisung der Umwelt-Einflüsse

entwickelt jeder Mensch sein für ihn charakteristisches Verhalten, seinen Charakter.

Alle Verhaltensweisen drücken den Willen zur Gemeinschaft zuzugehören aus. Obwohl die Mittel, die so ein Mensch wählt, unzulänglich sind, lassen sie doch die Einstellung des Menschen zur Gemeinschaft erkennen.

Wenn diese Verhaltensweisen richtig verstanden werden, verraten sie deutlich ihren Sinn, die private Logik, auf der sie aufgebaut sind.

Nur wenn wir uns als gleichwertig fühlen, können wir unseres Platzes in der Gemeinschaft sicher sein und das notwendige Gefühl der Zusammengehörigkeit ("Gemeinschaftsgefühl") entwickeln. Subjektiv äußert sich das Gemeinschaftsgefühl in dem Bewusstsein, mit anderen Menschen verbunden zu sein, zu ihnen zu gehören, nicht abseits zu stehen. Damit verbunden ist das Gefühl, dass man trotz aller Verschiedenheit das Schicksal seiner Mitmenschen teilt. So entwickelt man seine ganze Fähigkeit zur Kooperation.

Wider das 50:50-Denken!

Die Fähigkeit eines Menschen zur Kooperation kann als Maßstab für sein Gemeinschaftsgefühl angesehen werden.

Ein deutliches Kennzeichen des guten "Mit-Spielers" ist seine Bereitschaft, zum allgemeinen Wohle beizutragen. Er wird weniger davon abhängig, was er bekommen, sondern was er leisten kann.

Wer darauf ausgeht, möglichst viel zu bekommen, greift immer ins Leere. Er ist unersättlich. Dem dauernden Zustand des Begehrens und Erhaschen-Wollens steht ein seltener und kurzer Augenblick des Erlangens gegenüber.

So drückt sich das Gemeinschaftsgefühl darin aus, wieweit man zu der Gemeinschaft, mit der man verbunden ist – heute immer Weltgemeinschaft – beitragen will, ohne eigentlich darauf zu achten, was man dafür bekommt.

Anpassung:
Der ideale Ausdruck des Gemeinschaftsgefühles ist die Fähigkeit, die gegenwärtigen Ansprüche auf Mitarbeit mit der Bewegung nach einer besseren Gemeinschaft hin zu verbinden.

Sinn des Lebens

Der Wert unseres Lebens wird davon abhängen, was wir zum Wohle der Gemeinschaft beitragen oder beizutragen übersehen haben.

„Überempfindlichkeiten"

Das Übertragungsphänomen als Widerstand bei Führungspersönlichkeiten.

In Situationen, die besonders durch Unterordnung gekennzeichnet sind, reagieren Menschen durch meist frühkindliche Erfahrungen geprägt, überempfindlich, woran diese Verhaltensweisen gut zu erkennen sind.

Erfahrung mit Hierarchie und Macht, oft verbunden mit Gefühlen der Ohnmacht und des Kleinseins, werden auf Personen des aktuellen Geschehens übertragen. So erkennen wir im Mitarbeiter Figuren wieder, die unser Leben einst bestimmten und reagieren letztlich nach alten Mustern und Programmen.

Wenn ein sonst korrekter Vorgesetzter auf das Verhalten einer Mitarbeiterin mit „Tja Kindchen" reagiert, dann kann vermutet werden, dass er hier stellvertretend seine „jüngere Schwester" abkanzelt; wenn ein sonst selbst überzeugter und souveräner Mitarbeiter plötzlich auf seinen Chef eher devot reagiert, so erkennt er möglicherweise in diesem seinen alten Schullehrer wieder, der ihn vor der versammelten Klasse vorführt; und wenn eine üblicherweise korrekte Sekretärin bei jugendlichen Assistenten der Geschäftsführung zickig wird, dann meint sie damit wohl „ihren großen Bruder".

Führungskräfte – Vorgesetzte, Lehrer, Professoren, Ärzte, Erzieher, Pfarrer, Therapeuten, Coachs usw. stehen in besonders verantwortungsvoller Weise im Zentrum eines psychischen Erinnerungsgeflechtes. Hinter diesem Geflecht von aktueller Wahrnehmung und

Erfahrungsgedächtnis im Umgang mit Macht und Hierarchie steht eine tiefe Sehn-Sucht nach Anerkennung und Liebe. Hier mit Logik zu reagieren, „Ich gebe doch alles für Sie" ist sinnlos, da es sich um Psycho-Logik handelt.

D. h. eine überzogene, scheinbar nie endende Zuwendung könnte helfen, aber wer ist schon in der Lage sich so zurückzustellen. Mit einer überzogenen, übersteigerten Erwartung und Reaktion konfrontiert, sollten alle Alarmglocken schrillen.

Wer hätte es gedacht: Wenn Sie selbst in Form sind, werden sie die nötige Geduld, Fürsorge und Liebe und Anerkennung aufbringen, wie bei einem quengeligen Kind.

Der Begriff der Übertragung ist eng verwandt mit dem Begriff der Projektion, bei der Eigenschaften, die die projizierende Person bei sich selbst nicht wahrhaben möchte, anderen Personen zugeschrieben werden. Im Gegensatz zur Übertragung kommt es hierbei jedoch nicht zur Verfolgung dieser Wunschvorstellungen oder Erwartungen.

Eine Übertragung von negativen Gefühlen tritt z.B. in kleinen Teilen hervor, etwa in sarkastischen oder ironischen Äußerungen, also in negativen Äußerungen über eine (nicht anwesende dritte) Person, die man nicht mag. Mit Übertragung ist nach Sigmund Freud die Projektion frühkindlicher Konflikte auf den Therapeuten bzw. auf den Analytiker als wesentliches und unumgängliches therapeutisches Mittel gemeint.

Beispiel:
Eine Mitarbeiterin wird von ihrem Vorgesetzten immer wieder heftig und ungerecht abgewertet. Trotzdem bewundert sie ihn und versucht, ihm durch gute Leistungen und attraktives Auftreten zu gefallen. Auch in Beziehungen sucht sie immer wieder starke Partner, wobei sie hierbei viel Gewalt erfährt und sich trotzdem nicht trennt. Sie überträgt dabei jeweils Gefühle, die eigentlich ihrem gewalttätigen Vater gelten, auf ihren

Chef oder Partner. Sie wünscht von diesen Bestätigung oder Zuwendung,
nach der sie sich bei ihrem Vater gesehnt hat, ohne sie je zu bekommen.

Dieser Mechanismus zeigt sich aber auch bei Rachsucht und Recht-
haberei im Erwachsenenalter, die auf lieblose Erziehung zurückgehen
kann. Auch Trennungsängste können entweder auf Trennungserfah-
rungen in der Kindheit basieren oder auf einer sehr starken und gut
ausgeprägten Bindung zu bestimmten Personen. Überzogen erschei-
nende spontane Sympathie/Antipathie gegenüber bestimmten Personen hat nicht selten ihre Ursachen in Parallelen zu Personen der
Vergangenheit.

Im Rahmen von Arbeitsbeziehungen kommt es regelmäßig zu Über-
tragungen. Hier richtet der Mitarbeiter bestimmte Gefühle, Erwartungen oder Wünsche auf seinen Vorgesetzten oder Kollegen, die
nicht so sehr der Person gelten, sondern als Gefühle eigentlich aus
früheren Beziehungserfahrungen des Menschen herrühren. Wenn der
Mensch in der Person des jeweiligen Gegenübers einen Menschen sehen lernt, mit dem er versucht, Konflikte aus der Vergangenheit in der
Gegenwart zu lösen, ihn dann in seiner realen gegenwärtigen Rolle
anerkennt, ist „Heilung" durch Bewusstwerdung möglich.

Das Leader-Modell von Sprenger

Sprenger geht in seinem Buch „Prinzip Selbstverantwortung" von zwei unterschiedlichen Führungskonzepten aus: dem **Vorgesetzten-konzept** und dem **Leader-Konzept**.

Das **Vorgesetzten-Konzept** stellt die klassische Form der Zusammenarbeit von Führungskraft und Mitarbeiter dar: Die Führungskraft hat eine definierte Anzahl von Aufgaben zu erledigen, die sie jedoch alleine nicht bewältigen kann. Daher setzt sie zur Unterstützung Mitarbeiter ein, die ihr bei der Aufgabenbewältigung helfen.

Führungskraft und Mitarbeiterin oder Mitarbeiter haben hierbei jedoch grundsätzlich deckungsgleiche Aufgaben, zu denen bei der FK nur noch ergänzend die Leitungsfunktion kommt. Dabei bemüht sich die FK natürlich, den MA auch fachliche „Ratschläge" und Anweisungen zu geben. Der Mitarbeiter hat nicht die Aufgabe, alleine und autonom seine Aufgaben zu bewältigen.

Das **Leader-Konzept** sieht die Funktion der Vorgesetzten grundsätzlich anders, als die des Mitarbeiters: Führungskräfte haben keine Sachaufgaben wie ihre MA, sondern sie stellen ihre Arbeitskraft zur Verfügung, um MA bei der Bewältigung ihrer Aufgaben zu helfen. Damit wird Führen zu einer Servicefunktion.

Auch in der Machtzuteilung unterscheiden sich beide Modelle: Während der Vorgesetzte seine Macht vom System erhält (Amtsautorität), somit die MA ihm durch Zwang und Angst folgen (oder auch nicht), bekommt der Leader eine Autorität (persönliche Autorität) von den MA verliehen, sie folgen ihm also, weil sie selbst sich so entschieden haben.

Führung durch Vorgesetzte folgt daher eher dem Machtprinzip, Führung durch Leader eher dem Überzeugungs- und Beteiligungsprinzip.

Führungsaufgaben

Eine Führungskraft hat im oben genannten Sinne eher Hintergrund- als operative Aufgaben. Im Wesentlichen müssen heute folgende Aufgaben erfüllt werden:

- Zielsetzung und Zielvereinbarung
- Umsetzungsunterstützung
- Kanalisierung der Motivation
- Förderung der Qualifikation
- Beschaffung der Ressourcen
- Rückmeldung über die erbrachten Leistungen
- Modifikation des MA-Verhaltens
- Stabilisierung des MA-Verhaltens

Problematisch ist es, dass heute oft noch solche Management-Funktionen als minderwertig im Vergleich zu „echter" operativer Arbeit angesehen werden. Dabei sollte man sich vergegenwärtigen, dass erfolgreiche hochrangige Manager eben keine hervorragenden Fachleute und Umsetzer („Schrauber") sind, sondern Personen, die sich als Motoren und Integratoren verstehen und die Denk- und Steuerungsfunktionen übernehmen.

Zielvereinbarung als Führungsinstrument

Ziele können mehrere Funktionen erfüllen. Sie können:

- eine Richtung vorgeben (eine für die Unternehmung sehr wichtige Funktion, denn nur eine klare Zielrichtung kann einer Ausrichtung aller Kräfte auf diese ermöglichen)
- motivieren (ein Ziel, dass mitgetragen und noch nicht erreicht ist, hat durchaus anziehenden und motivierenden Charakter)
- das Überleben sichern (die Existenzsicherung gilt in der Betriebswirtschaft als die wichtigste Funktion, die eine Unternehmung erfüllen muss. Bei sich verändernden Umwelten sind Ziele zur An-

passung an die Veränderungen und zur Optimierung von Arbeitsprozessen geeignet)

Wichtig ist der Gedanke, dass Ziele stets eine Veränderung des der-
zeitigen Zustandes darstellen (und nicht die Beibehaltung desselben).
Dabei beziehen sich Ziele oft auf die Art der Arbeit, die Art des Ar-
beitsprozesses, nicht aber auf die Arbeitsinhalte selbst.

Mit Konflikten umgehen

Das Wort „Konflikt" kommt vom *„confligere"* (zusammenstoßen, aufeinander prallen). Von einem Konflikt spricht man, wenn Interessen, Zielsetzungen oder Wertvorstellungen von Personen, gesellschaftlichen Gruppen, Organisationen oder Staaten miteinander unvereinbar sind oder unvereinbar erscheinen (Intergruppenkonflikt).

Konfliktarten

Um Konflikte besser zu verstehen, werden einzelne Aspekte betrachtet:

- Verteilungskonflikt (empfundene Gegensätze in Bezug auf die Nutzung/Realisierung von Ressourcen).
- Zielkonflikt (empfundene Gegensätze in Bezug auf Absichten bzw. Interessen).
- Beziehungskonflikt (empfundene Gegensätze in Bezug auf Verhaltensdispositionen).
- Rollenkonflikt (widersprüchlich empfundene Rollen, z. B. Gewerkschaft und Arbeitgeberverband), dahinter steht aber stehts ein Verteilungskonflikt! Rollen sind hier Augenschein.
- Machtkonflikt (ungleich empfundene Machtverteilung, z. B. Bürger und Behörde).
- Informationskonflikt (unterschiedliche Information, z. B. falsch, ungenügend, falsch verstanden).
- Wertkonflikt (gelernte Ansichten über „gut" und „böse").
- Identitätskonflikt (empfundene Bedrohungen des eigenen Selbstbildes oder dessen, was jemanden als Person ausmacht).

Ursachen von Konflikten sind zu suchen bei:

- individuellen Wahrnehmungsunterschieden
- seltenen oder begrenzten Ressourcen
- Zergliederung der Organisation

Die Zergliederung der Organisation durch Abteilungsnamen, Verantwortlichkeiten, Weisungsbefugnisse usw. trennt die Mitglieder der Organisation. Allein diese Trennung kann zu Konflikten führen, da in einer Stellvertreterfunktion die Interessen dieser organisatorischen Einheit gegenüber anderen vertreten werden.

Ursachen von Konflikten sind weiterhin zu suchen bei voneinander abhängiger Arbeit, es sind:

- Rollenkonflikte,
- unfaire Behandlung,
- Verletzung des Territoriums,
- Veränderung der Umwelt, die hier zu beachten sind.

Konfliktlösung

Erster Schritt ist die Deeskalation (z. B. Einstellung von Kampfhandlungen, Abbau offener Aggression).

Zweiter Schritt ist die Einleitung von Kommunikation zwischen den Konfliktparteien.

Im **dritten Schritt** wird der eigentliche Interessengegensatz herausgearbeitet und ein gegenseitiges Verständnis der Konfliktparteien für das Interesse der jeweilig anderen entwickelt. Dazu ist es erforderlich, die zugrundeliegenden Werte zu verstehen und zu achten. Erst dann kann gemeinsam eine Win-Win-Lösung für den Konflikt entwickelt werden. Siehe auch Harvard-Konzept.

Methode des sachbezogenen Verhandelns 91

Methode des sachbezogenen Verhandelns

Die unter dem Namen Harvard Konzept bekannte Methode des sachbezogenen Verhandelns gilt heute als eine der wirksamsten Verhand-
lungstechniken. Das Harvard Konzept zeichnet sich im Wesentlichen
dadurch aus, dass es den „klassischen" Verhandlungskompromiss
überwindet und Lösungen sucht, die für beide Seiten ein gleichwerti-
ger Gewinn sind.

Die Prinzipien des Harvard Konzeptes

Die Methode des „Sachbezogenes Verhandeln" beruht auf vier Bedingungen:

1. **Harvard Konzept: Sachbezogen diskutieren – Trennung von
   Sach- und Beziehungsebene.** Dass hier von „Trennung" die Rede
   ist, widerspricht der Quintessenz des Eisbergmodells (siehe Seite
   70), es sollte vielmehr bewusste Berücksichtigung der Gefühle lauten. Ziel ist die konsequente Konzentration auf die beiderseitigen
   Interessen.

2. **Harvard Konzept: Konzentration auf die Interessen – die Parteien sollen die Positionen zurückstellen.** Um vernünftige Ergebnisse zu erzielen, müssen Interessen und nicht die Positionen in
   Einklang gebracht werden. Das eigentliche Problem bei Verhandlungen besteht nämlich selten in völlig unvereinbaren Positionen.
   Interessen können Wünsche, Zwänge, Ängste, Befürchtungen
   oder Sorgen sein.

3. **Harvard Konzept: Optionen suchen – Entscheidungsalternati-
   ven entwickeln.** Eine Chance zur Lösung festgefahrener Verhandlungen kann jedoch darin bestehen, keine Entweder-oder-Haltung
   einzunehmen, sondern eine flexible Sowohl-als-auch-Einstellung.
   Nur Verhandlungen, die nicht bereits im Vorfeld zementiert sind
   und in einer Art Kraft- oder Machtprobe ablaufen, eröffnen die

Möglichkeit, neue Lösungsalternativen zu entwickeln. Um Entscheidungsmöglichkeiten zu entwickeln, kann z.B. ein Brainstorming helfen, das auf Beurteilungen verzichtet und die Gegenseite einbezieht. Wenn für beide Seiten nach Vorteilen gesucht wird und die gemeinsamen Interessen herausgefunden worden sind, können unterschiedliche Interessen miteinander verbunden werden.

4. **Harvard Konzept: Objektive Entscheidungskriterien festlegen.** Haben die Verhandlungspartner Lösungswege gefunden, erfolgt anschließend der eigentliche Entscheidungsprozess. Alle Beteiligten müssen sich auf objektive Kriterien einigen, an denen das Verhandlungsergebnis gemessen werden kann. Die verschiedenen Wahlmöglichkeiten sollen anhand neutraler und objektiver Beurteilungskriterien bewertet werden, um auf dieser Grundlage eine Entscheidung zu treffen, die für alle zufrieden stellend ist.
Dieses Vorgehen erhöht die Akzeptanz der verhandelten Lösung. Bei dem Heranziehen von objektiven Kriterien ist zu beachten, dass diese willensunabhängig und durchführbar sind. Objektive Kriterien können beispielsweise der Marktwert, früher gelöste Fälle, wissenschaftliche Gutachten, nachvollziehbare Kosten, moralische Kriterien oder auch Gerichtsurteile sein.

Wir sollten erst dann von einem Konflikt sprechen, wenn neben der sachlichen Differenz auch die Beziehungsebene betroffen ist.

Das Entwicklungspotential von Konflikten kann sich entfalten, wenn Konflikte konstruktiv, d. h. gemeinschaftsdienlich ausgetragen werden.

Konfliktfähigkeit

Zur Konfliktfähigkeit gehören neben der richtigen Einstellung und persönlichen Fähigkeit auch ganz konkretes Wissen und methodisches Handwerkzeug zu drei Kompetenz-Bereichen:

- Konflikte wahrnehmen
- Konflikte mehrperspektivisch analysieren
- Konflikte im Dialog klären können

Übungsmöglichkeit

Teilen Sie Ihr Leben gedanklich in drei große Zeitblöcke ein und wählen Sie spontan für jeden Zeitblock zwei Konflikte aus, die für Sie bedeutsam oder typisch waren.

Beginnen Sie bei den ausgewählten Konflikten mit dem Konflikt, der am kürzesten zurückliegt.

Beantworten Sie folgende Fragen:

- Worum ging es bei diesem Konflikt?

  _____

  _____

- Um welche Ziele habe ich gerungen?

  _____

  _____

- Welche wichtigen Bedürfnisse waren berührt?

  _____

  _____

- Wie habe ich mich während des Konfliktes gefühlt?

  _____

  _____

- Wie habe ich mich verhalten?

  _____

  _____

- Welche Mittel habe ich eingesetzt?

  _____

  _____

- Habe ich meine Wünsche und Erwartungen ausgedrückt?

  _____

  _____

- Konnten die Beteiligten merken, was mich wirklich bewegt und was ich erreichen will?

  _____

  _____

- Welche Wirkungen wollte ich erzielen?

  _____

  _____

- Was habe ich tatsächlich bewirkt?

  _____

  _____

- Wozu hat der Konflikt geführt?

  _____

  _____

- Wie hat sich mein Konfliktpartner verhalten?

  _____

  _____

- Was kann ich von ihm lernen?

  _____

  _____

* Wovon grenze ich mich ab?

_____

_____

Stellen Sie sich die gleichen Fragen für alle weiteren Konflikte, die Sie ausgewählt haben.

Fazit:

* Gibt es wiederkehrende Konfliktsituationen?
* Was ist das Typische an den Konfliktpartnern und an ihrem Verhalten?
* Gibt es eine für mich typische Art, mit Konflikten umzugehen?

Klärungsoption
Werte und Einstellungen im Umgang mit Konflikten

Vervollständigen Sie spontan folgende Sätze:

* Konflikte sind:

_____

_____

* Konflikte bewirken:

_____

_____

* Konflikte enden:

_____

_____

- Konflikte hindern:

  _____

  _____

- Konflikte kosten:

  _____

  _____

- Konflikte sollte man:

  _____

  _____

- Konflikte helfen:

  _____

  _____

Klärungsoption
Analyse eines konkreten Konfliktes

1. Schritt: Die eigene Situation

- Was stört mich eigentlich konkret?

  _____

  _____

- Worum geht es in diesem Konflikt genau:
  - ☐ Um inhaltliche Differenzen
  - ☐ Um Abläufe und Arbeitsorganisation
  - ☐ Unterschiedliche Ziele
  - ☐ Um zwischenmenschliche Probleme

- Welche Gefühle löst die schwierige Situation in mir aus?
  - ☐ Angst
  - ☐ Wut
  - ☐ Enttäuschung
  - ☐ Ohnmacht
  - ☐ Trauer
  - ☐ Verzweiflung
  - ☐ Scham

- Warum ist das eigentlich schlimm für mich?

  _____

  _____

- Auf welchen wunden Punkt, auf welche Empfindlichkeit trifft das bei mir?

  _____

  _____

- Was trage ich mit meinem Verhalten zur Eskalation des Konfliktes bei?

  _____

  _____

2. Schritt: Äußere Situation, Rahmenbedingungen, Rollen, Aufträge, Aufgaben

- Welche Rahmenbedingungen sind in diesem Konflikt wichtig?

  _____

  _____

- Wer hat wem was zu sagen?

  _____

  _____

- Wer hat welche Befugnisse?

  _____

  _____

- Wer hat an wen welche Rollenerwartungen?

  _____

  _____

- Wer ist vom Konflikt direkt oder indirekt betroffen?

  _____

  _____

- Welche offenen Interessen spielen eine Rolle?

  _____

  _____

- Welche verdeckten Interessen spielen eine Rolle?

  _____

  _____

- Gibt es Personen, die aus dem Hintergrund die Fäden ziehen?

  _____

  _____

- Wie hat „alles" angefangen?

  _____

  _____

3. Schritt: Sich in die andere Konfliktpartei einfühlen

- Wie ist die Lebens- und Arbeitssituation des Anderen?

  _____

  _____

- Wie würde der Andere den Konflikt beschreiben?

_____

_____

- In welcher Gefühlslage befindet er sich?

_____

_____

- Wie fühlt er sich von mir behandelt?

_____

_____

- Wie würde es mir an seiner Stelle gehen?

_____

_____

- Was sind seine Interessen?

_____

_____

4. Schritt: Verhaltensmuster zwischen den Konfliktparteien

- Durch welche typischen Verhaltensweisen wird der Konflikt hervorgerufen, aufrechterhalten, verstärkt?

_____

_____

- Welche typischen Reaktionen werden dadurch beim anderen hervorgerufen?

_____

_____

- Gibt es sich selbst verstärkende Teufelskreise, in denen sich Verhalten und Gefühle wechselseitig destruktiv verstärken?

  _____

  _____

- Gibt es Situationen und Umstände, in denen es Ihnen oder Ihrem Konfliktpartner gelingt, aus den typischen Konfliktmustern auszusteigen und sich anders zu verhalten?

  _____

  _____

5. Schritt: Sinn des Konfliktes

- Wer profitiert auf welche Weise von der Situation, wie sie jetzt ist?

  _____

  _____

- Wer hat welchen Vorteil davon, wenn alles so bleibt, wie es ist?

  _____

  _____

- Wofür ist es nützlich, dass der Konflikt offen gelegt wird?

  _____

  _____

- Auf welche ungeklärten Themen weist der Konflikt hin?

  _____

  _____

- Welche Veränderungen können dadurch initiiert werden?

  _____

  _____

6. Schritt: Ressourcen für eine Lösung

• Wer könnte zur Lösung des Konfliktes beitragen?

_____

_____

• Wer hat ein Interesse an der Lösung des Konfliktes?

_____

_____

• Welche persönlichen Fähigkeiten und Stärken habe ich, die ich zur Lösung des Konfliktes einsetzen kann?

_____

_____

• Gibt es Situationen, in denen der Konflikt nicht auftritt?

_____

_____

• Wie verhalte ich mich in diesen Momenten?

_____

_____

7. Schritt: Fazit

• Was ist mein Maximalziel?

_____

_____

• Was ist mein Minimalziel?

_____

_____

- Was könnte ich selbst zur Konfliktlösung anbieten?

  _____

  _____

- Welches Vorgehen erscheint im Moment am ehesten angebracht:
  - ☐ meine Einstellung und Haltung zum Konflikt
  - ☐ mein Verhalten verändern
  - ☐ eine Klärung im Dialog suchen

Störungen in der Kommunikation

Die Fähigkeit mit Konflikten z. B. in Gruppenveranstaltungen umzugehen, gehört für jede Führungskraft zum 1x1.

Mit der ZWV-Methode kann man Störungen in der Kommunikation wirkungsvoll angehen. Wichtig ist es, eine Störung aufzugreifen, den „störenden" Beitrag anzuerkennen, und dann mit einem neuen Vorschlag den Störer indirekt zur Rücksichtnahme aufzufordern.

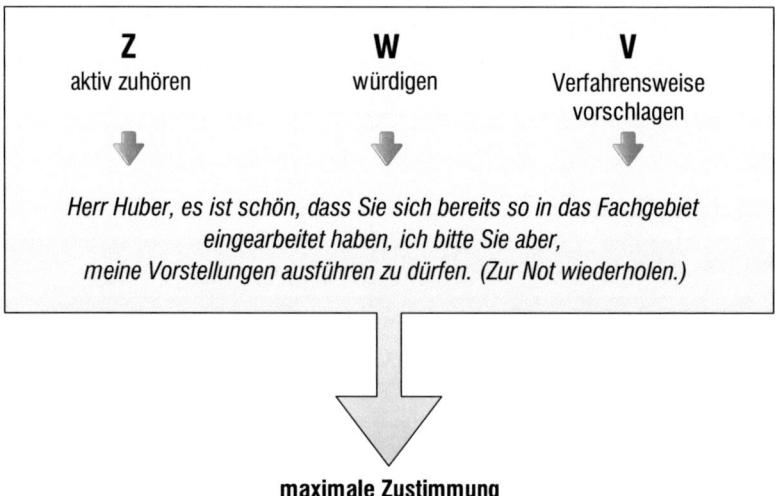

Mit Konflikten leben müssen? oder: Muss es wirklich sein?

Wahrscheinlich war es Virgina Satir, die das Phänomen der **Triade** in die Welt hinaus rief, „das ist seit Adam und Eva", die dritte „Instanz", „damals" war es übrigens die Schlange.

Die „Triade" oder nur einen Tag ohne Neid und Missgunst!

Die menschliche Gesellschaft gliedert sich quantitativ in folgende kleinste Einheiten und deren Vielfaches:

- **Monade** = jedes einzelne Individuum.
  Dieser Begriff wird aus der **Monadologie** (von griechisch *monas*: Eins, Einheit) abgeleitet. Sie stammt von Gottfried Wilhelm Leibniz und ist die Lehre von den Monaden oder den „letzten" Elementen der Wirklichkeit.
- **Dyade** = „Zweiergruppe".
  Die Beziehung zweier Menschen in der Psychologie, Anthropologie, den Sozialwissenschaften.
- **Triade** = Dreiergruppe.
  „Triade" ist eine Betrachtungsweise, ein Modell zur Beschreibung von dynamischen Vorgängen in Beziehungen, Familien und Gruppen.

Jede größere Gruppe spaltet sich in diese Bestandteile auf. Hat man beispielsweise eine Vierergruppe, kann man diese sehen als mindestens:

- vier Monaden
- zwei Dyaden
- eine Monade und eine Triade
- zwei Monaden und eine Dyade

Auch jede Familie besteht aus einer oder mehreren Triaden. Die erste Triade, die ein Mensch erlebt, ist meist Vater-Mutter-Kind. Eine weitere bedeutsame Triade ist Eltern-Kind-Geschwisterkind. In einer 4-köpfigen Familie gibt es 4, in einer 5-köpfigen bereits 10 Triaden.

Eine garantierte Harmonie gibt es nirgends, Konfliktpotential ist überall zu finden, jedoch ist bei einer Monade und Dyade „noch Hoffnung".

Monade: Ein Individuum kennt seine Bedürfnisse (dies ist psychologisch gesehen natürlich nicht immer der Fall) und kann sich alleine darum kümmern, diese zu befriedigen.

Dyade: Z. B. in einer Liebesbeziehung: ein Paar versucht, auf die Bedürfnisse des Partners einzugehen, kann sich voll und ganz dem Anderen widmen, wird durch keinen „Störfaktor" abgelenkt. Die Beteiligten fühlen sich gleichwertig. Jedoch trägt auch die Monade und das Individuum schon ein großes Konfliktpotential mit sich herum, wie wir wissen.

So können wir uns „fantastisch" vor uns hin ärgern oder depressiv sein. Auch die Dyade als Zweiergruppe birgt genug Konfliktpotential, Streitigkeiten in privaten Beziehungen sprechen Bände, eine Scheidungsquote von knapp über 50% nicht weniger. Wie soll es da schon bei Dreiergruppen gehen, die ja die größte „kleine" Gruppe ist, sagen jedenfalls die meisten Soziologen.

Anders als in der Geometrie, in der das gleichschenklige Dreieck sehr harmonisch wirkt, ist die „Dreiecksbeziehung" unter Menschen stets konfliktgeladen. Eine **Triade** führt zwangsläufig zu Missstimmung unter den Beteiligten, da keine gleichwertige Zuwendung unter den drei Personen möglich ist. Dies führt zu Neid, Eifersucht und Minderwertigkeitsgefühlen.

Schon ein Gespräch in einer Dreiergruppe kann schwierig sein, wenn beispielsweise zwei Gesprächspartner dieselbe Meinung haben und der Dritte einen anderen Standpunkt vertritt – so fühlt sich der Dritte unter Umständen unverstanden und zurückgestoßen. Es gilt: Gefühle sind schneller als der Verstand – selbst wenn jede Vernunft gegen diese Neidgefühle spricht, entsteht bei einem oder mehreren Mitgliedern der Triade das Gefühl, nicht dazuzugehören.

Triade oder ohne Konflikte geht es nicht

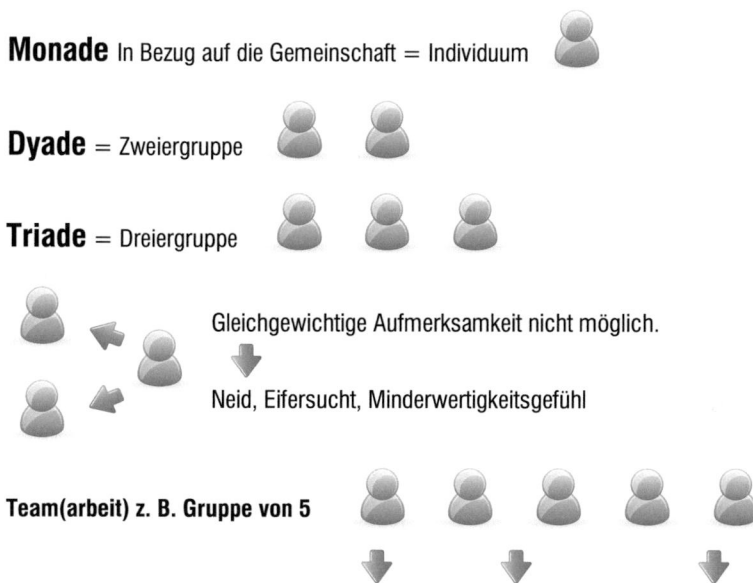

Monade In Bezug auf die Gemeinschaft = Individuum

Dyade = Zweiergruppe

Triade = Dreiergruppe

Gleichgewichtige Aufmerksamkeit nicht möglich.

Neid, Eifersucht, Minderwertigkeitsgefühl

Team(arbeit) z. B. Gruppe von 5

5 Monaden   10 Dyaden   10 Triaden
Mögliche Gruppierungen   Konflikt-
und Konfliktursachen   möglichkeiten

Teambildungsphasen und Wirklichkeit

Jetzt kann man vielleicht begreifen, dass die Teambildungsphasen ein sehr theoretischer Blick auf die Wirklichkeit sind. Sie zeigen lediglich, dass es 4 mögliche Phasen gibt. Forming, Storming, Norming und Performing sind Prototypen, viele Teams stecken tief im Storming fest und wünschen sich jemals in ein produktives Performing zu kommen.

Eisbergmodell

Jedes Seelen-Leben verhält sich wie ein Eisberg (vgl. hierzu das Eisbergmodell auf Seite 70). Der größte Teil des Berges befindet sich unter Wasser, ist also für unser Gegenüber unsichtbar (Gefühle, etc.). So passiert es leider allzu leicht, dass wir mit einem anderen (unter Wasser) zusammenstoßen, ohne es zu merken. Da ist es dann die Aufgabe eines Mediators, in das Innere des Eisbergs einzudringen, und die Bedürfnisse der Beteiligten zu erfahren.

Kommunikation beinhaltet immer einen rationalen und eine emotionalen Inhalt. Wenn man dies anhand eines Modells erklären will, bietet sich das Bild des Eisbergs an.

Eisberge haben, das weiß man spätestens seit der Erfahrung mit der Titanic, die unangenehme Eigenschaft, dass das, was man sieht, nur gerade etwa $1/7$ der ganzen Masse ausmacht. Wenn man sich nicht bewusst macht, dass weitere $6/7$ unter dem Wasserspiegel drohen und entsprechend darauf reagiert, wird man untergehen.

Das sichtbare $1/7$ des Eisbergs kann man mit dem rationalen Inhalt gleichsetzen (also Inhalt, Strukturen, Prozesse, Strategien). Das, was im Verborgenen bleibt, also der sehr viel größere Anteil von $6/7$, macht den emotionalen Inhalt der Kommunikation aus.

Vernachlässigt man bei der Kommunikation den sehr viel größeren, emotionalen Anteil, so sind die Missverständnisse und damit oft auch das Scheitern in der Kommunikation programmiert.

Die Frage für den Manager, Coach oder Berater ist dann natürlich die, wie er an diese verborgenen $6/7$ herankommt. Für den Manager, Coach oder Berater stellt sich dann natürlich die Frage, wie er an die verborgenen $6/7$ herankommt. Wenn man beginnt, sich diese Frage zu stellen, ist allerdings der wichtigste Schritt im Annäherungsprozess bereits getan. „Ich habe begonnen, diese $6/7$ meines Gegenübers ernst zunehmen und bin mir bewusst geworden, dass ich darauf zumindest eingehen muss, wenn ich Erfolg haben will." Der Rest besteht zu einem ganz großen Teil aus aktivem Zuhören.

Kommunikation der Konfliktbewältigung

Wie so oft ist die Strategie von besonderer Wichtigkeit. Die erste Frage lautet deshalb, ob überhaupt Aussicht auf Erfolg besteht.

Wenn diese Frage mit „ja" zu beantworten ist, muss man sich hüten, selbsternannter Friedensengel zu spielen. Insofern ist die Frage nach der Autorität oder der Hierarchie zu beantworten.

Es muss ein eindeutig zu definierender Grund für ein Konfliktgespräch vorliegen! „Ich sehe schon seit langem schwarze Wolken am Firmament" reicht für ein ernsthaftes Gespräch nicht aus.

Als erfolgreich hat sich erwiesen, mehrere Termine zu vereinbaren, statt der „berühmten" Generalaussprache. Das „Step by step"-Vorgehen hat aus CommuniTYcation®-Sicht den Vorteil, dass sich alle Beteiligten als „ganze" Menschen kennen lernen können. Die Phasen eines guten CommuniTYcation®-Gesprächs werden auch hier eingehalten:

- Kontaktphase
- Informationsphase
- Auseinandersetzungsphase
- Commitment
- „last curtain"-Phase.

Auch hier dient die Informationsphase dazu, den Sinn von CommuniTYcation®-Regeln für menschliches Beziehungsmiteinander klarzustellen. Es geht weit darüber hinaus, was der Begriff Fairness bedeutet. Es geht um die Einsicht menschlichen Miteinanders, das nur nach dem „kategorischen Imperativ" nach I. Kant möglich ist und dem sich von der UN-Charta bis zu allen bedeutenden Verfassungen alle freiwillig unterworfen haben.

Dass in dieser Phase Zeit-, Themen- und Vorgehensfragen zu beantworten sind, erscheint in diesem Lichte lediglich notwendig. Es müssen Antworten gegeben werden, Ver-Antwort-ung gezeigt werden!

Konflikte und ihre Nutzen

Wünsche, Erwartungen, Ziele, Wissen, Problemlösungsstrategien, Lernfähigkeit usw. unterscheiden sich bei den Menschen so stark, dass Konflikte vorprogrammiert sind. Kurioserweise sind die Menschen über Konflikte erstaunt und leiden unter ihrem Auftreten, statt ihre klarstellende Wirkung zu nutzen.

Sind Konflikte vorhanden, sollten Sie diese aufsuchen und ihnen begegnen. Vermeiden Sie eine „Friedhofsruhe" und sprechen Sie den Konflikt unbedingt an, denn oft ist ein Konflikt die „Spitze des Eisbergs" (vgl.: Eisbergtheorie), weckt Interessen, ist Indikator für Probleme und beschleunigt den Fortschritt der Persönlichkeitsentwicklung sowie gesetzlicher und gesellschaftlicher Formen. Der Konflikt ist ein Katalysator für „neue Lösungen".

1. **Aus Konflikten entstehen neue Ideen.**
   Aus dem Verlauf einer Auseinandersetzung kristallisieren sich immer neue Sichtweisen heraus. Es mag nicht jedes Mal einfach sein, diese Ideen zu erkennen, aber mit etwas Aufmerksamkeit gelingt es Ihnen die Ansichten der anderen Streitpartner zu verstehen – oder Sie entwickeln eine komplett neue Sichtweise für das Problem, basierend auf den Argumenten, die während des Konfliktgesprächs genannt wurden. Aufmerksamkeit und aktives Zuhören sind der Schlüssel, um von Konflikten zu profitieren.

2. Mehr über andere lernen.

Konflikte sind eine wunderbare Gelegenheit mehr über andere zu erfahren. Egal, ob dies ein Streitgespräch mit einem Familienmitglied oder eine Diskussion bei einem Geschäftstreffen mit Kollegen ist. Seien Sie also aufmerksam, denn Sie können eine Menge über Ihr Gegenüber lernen, wenn Sie aktiv und konstruktiv an dem Konflikt teilnehmen.

3. Sich selbst besser verstehen.

Ein anderer unerwarteter Nutzen von Meinungsverschiedenheiten ist, dass Sie im Rahmen dieser Konflikte auch viel über sich selbst lernen. Sie können analysieren, was genau Sie wirklich auf die Palme bringt, wie Sie Ihre Argumente vortragen, was Ihre Körpersprache über Sie aussagt; grundsätzlich können Sie Ihren ganz persönlichen Konfliktstil identifizieren und diesen somit verbessern und konstruktiver gestalten.

4. Andere Perspektiven erkennen.

Egal, ob Sie mit ihren Konfliktteilnehmern einer Meinung sind oder nicht, an einem Konflikt teilzunehmen, bietet die Möglichkeit, andere Perspektiven zu sehen – sofern Sie den anderen Teilnehmern auch zuhören. Sie müssen diesen Ansichten nicht unbedingt zustimmen, aber zumindest haben Sie einen Einblick in diese erhalten!

Konfliktlösungsmethoden

Es gibt verschiedene Möglichkeiten, Konflikte zu lösen. Besteht der Konflikt beispielsweise darin, zu entscheiden, welche nächste Weiterbildung besucht wird, kann dieser auf verschiedene Arten gelöst werden:

Dritter entscheidet

In diesem Fall wird eine dritte Person, die an dem Konflikt nicht beteiligt ist, zu Rate gezogen. Vorher einigt man sich darauf, dass man die Entscheidung des Dritten annimmt – egal wie sie ausfällt. Ein Kollege oder Mitarbeiter kann dann beispielsweise entscheiden, dass zuerst die Sprachkurse stattfinden.

Würfeln

Es wird um die Entscheidung gewürfelt. Auch hier wird die Entscheidung durch den Würfel (z.B. 1/2/3 steht für Sprachkurse, 4/5/6 für EDV-Weiterbildung) bedingungslos akzeptiert.

Kompromiss

Hier versuchen die an dem Konflikt beteiligten Personen, eine Lösung zu finden, die für beide Seiten akzeptabel ist. Herr X möchte Wirtschaftsenglisch in München, Frau Y möchte Spanisch in Frankfurt. Kompromiss: beide besuchen ihren Kurs in Darmstadt, (die Mitte ist es selten!!).

Zweinigung (auf die Reihenfolge kommt es an!)

Bei der Zweinigung werden beide Vorschläge nacheinander durchgeführt. In unserem Beispiel würde man dann in einem Jahr an Sprachkursen und im nächsten Jahr an EDV-Kursen teilnehmen.

Neuer kreativer Vorschlag durch die Harvard-Methode

Bei der Harvard- Methode erläutert jeder Betroffene seinen Standpunkt und legt seine Interessenssphäre dar. Beide Interessenssphären werden nun verglichen und dann werden die damit verbundenen

Wünsche/Ziele besprochen. Es findet ein ständiger Austausch über die Standpunkte statt, bis man zu einer gemeinsamen Lösung findet.

Hierbei wird eine neue, dritte Möglichkeit gesucht, mit der beide Parteien einverstanden sind: z.B. wird weder an einem Sprachkurs noch an einem EDV-Kurs teilgenommen, stattdessen wird der Vorschlag gemacht, eine Produktschulung durchzuführen.

Mediation

Ein unbeteiligter Mediator wird eingesetzt, der den Standpunkt von X und den Standpunkt von Y jeweils paraphrasiert und mit aktivem Zuhören die Meinungen wiedergibt. Er lenkt das Gespräch und fungiert somit als Schlichter zwischen den beiden Parteien.

Mediation (lateinisch *„Vermittlung"*) ist ein strukturiertes Verfahren zur konstruktiven Beilegung eines Konfliktes. Die Konfliktparteien wollen durch Unterstützung einer dritten „allparteilichen" Person (dem Mediator) zu einer gemeinsamen Vereinbarung gelangen, die ihren Bedürfnissen und Interessen entspricht. Der Mediator trifft dabei keine eigenen Entscheidungen bezüglich des Konflikts, sondern ist lediglich für das Verfahren verantwortlich.

Parteien sind verantwortlich für den Inhalt. Dahinter steht der Gedanke, dass die Beteiligten eines Konflikts selbst am besten wissen, wie dieser zu lösen ist, und vom Mediator lediglich hinsichtlich des Weges dorthin Unterstützung benötigen. Wir sind durchaus der Meinung, dass der Mediator kraft seiner Bildung und Ausbildung Vorschläge für eine mögliche Konfliktregelung formulieren kann, bei aller Gefahr, die damit verbunden ist.

Mit der Schlichtung hat Mediation gemein, dass ohne Zustimmung der Parteien keine verbindliche Entscheidung gefällt wird.

Die beratende Arbeit mit einer einzelnen Konfliktpartei ist keine Mediation, sondern Konflikt-Coaching.

Bei der Shuttle-Mediation, verhandelt der Mediator mit den Parteien in vertraulicher Einzelsitzung.

Konfliktursache

Die meisten Menschen lieben Konflikte nicht und gehen ihnen am liebsten aus dem Weg. Es hilft jedoch alles Verdrängen nicht, Konflikte sind geradezu mit dem Menschsein gegeben und unvermeidlich. Mögliche Konfliktursachen im betrieblichen und menschlichen Miteinander sind u. a.:

• Demokratisierung,
• sich verändernde Märkte,
• sich auflösende Hierarchien,
• Verstärkter Individualismus,
• Arbeit in Teams,
• sich auflösende oder in Frage gestellte Machtstrukturen,
• Leistungsdruck,
• Konkurrenz.

Konflikttypen

Beurteilungs-Konflikte

Für viele ist der erste Eindruck entscheidend, für andere ist die Reihenfolge der Informationen zur Beurteilung unbedeutend und wieder andere sehen die Chance des zweiten Eindrucks.

Bewertungs-Konflikte

Die Menschen in ihren vielen unterschiedlichen Kulturen und Kulturkreisen haben so unterschiedliche Werte, Ziele und Verhaltensregeln, dass die Chance für Konflikte groß ist.

Verteilungs-Konflikte

Die Zeit der Verteilungskonflikte ist in vielen Regionen der Welt noch lange nicht vorbei. „Der Kuchen kann nur einmal verteilt werden!"

Konfliktformen

Neben **unechten** und **echten** Konflikten, spricht man auch von **latenten** und **offenen** Konflikten. Die, welche unter der Oberfläche köcheln, nennt man latente Konflikte. Trotz des Ärgers legen Sie keinen Wert auf eine offene Aussprache und erst bei wiederholten Vorkommnissen machen Sie aus einem latenten einen offenen Konflikt. Die Konfliktforschung hat uns um ein weiteres Begriffspaar bereichert: **heißer** und **kalter** Konflikt. Man spricht von kalten Konflikten, wenn Menschen den Glauben daran verlieren, auf konstruktive Weise ihre Ziele zu erreichen, wenn sie ihre Emotionen hinsichtlich der Relevanz ihrer Ziele verleugnen, wenn sie aus Frust die Durchführung blockieren und die Verantwortung für diese Verhaltensweise abstreiten.

Seelische Abwehrmechanismen oder: „Ich regele „das" im Innenverhältnis"!

Abwehrmechanismus ist ein Begriff aus der **Psychoanalyse**. Er umschreibt innere Vorgänge, die das Ziel haben, miteinander in Konflikt stehende psychische Tendenzen (Wünsche, Motive, Werte) so zu manipulieren, dass ein konfliktfreier Zustand im Seelenleben wahrgenommen wird. Dies erfolgt meistens unbewusst. Die Abwehrmechanismen sind Bestandteil einer individuell bestmöglich scheinenden, inneren Konfliktlösung, die ein Mensch im Laufe seiner psychischen Entwicklung erreichen konnte.

Widerstand

Die menschliche Psyche hat die Tendenz, einmal verdrängte, seelische Impulse nicht ins Bewusstsein kommen zu lassen. Der Abwehrmechanismus „Widerstand" versucht also, eine erneute Aktualisierung eines verdrängten Konfliktes nicht ins Bewusstsein treten zu lassen und damit das Wiederauftreten von Angst zu vermeiden.

Im Schlaf sind die Abwehrmechanismen der Seele weniger aufmerksam und damit auch der Abwehrmechanismus „Widerstand", der wie eine Zensur wirkt, abgeschwächt.

Verleugnung

Um einen Konflikt nicht ins Bewusstsein kommen zu lassen, wird dieser nicht wahrgenommen. Im Alltag werden Konflikte gerne wegdiskutiert („Vogel-Strauß-Politik").

Rationalisierung

Die Rationalisierung als Abwehrmechanismus will „ungeliebte" emotionale Vorgänge durch Verallgemeinerung „entschärfen". (persönliche Defizite, Fehlverhalten)

Isolierung

Der seelische Abwehrmechanismus „Isolierung" hat den Sinn, das Erlebnis zwar erinnern zu können, durch die Entblößung vom Affekt jedoch erträglich zu machen.

Wendung ins Gegenteil

Die „Wendung ins Gegenteil" ist eine Reaktion auf ein als nicht erlaubt empfundenes Gefühl, wie z. B. Hass auf eine zu liebende Person. Daraus kann eine Reaktionsbildung erfolgen, d. h. aus Hass bildet sich Überfürsorglichkeit. Nicht erlaubte Gefühle werden durch Erträgliche ersetzt.

Projektion

Der seelische Abwehrmechanismus „Projektion" lässt durch unbewusstes Verlagern der unerträglichen Gedanken oder Gefühle auf den anderen Menschen diese ertragbar erscheinen.

Introjektion

Die Introjektion ist das Verinnerlichen von Werten und Normen anderer Personen oder Personengruppen – ein Erlebnis der Identifikation.

Merke:

- Konflikte sind Medium für das Auffinden von Problemen und Finden von Lösungen.
- Konflikte verhindern den Stillstand.
- Konflikte regen die Neugierde für „Neues" an.
- Konflikte sind der Ursprung persönlicher und gemeinschaftlicher Veränderungen.

Hypnose oder: Wie ich mich und andere bewusster beeinflusse

Wie schlimm können sich die eigenen Gedanken auswirken?

Es war einmal ein Mann in Amerika, der wohnte an einer Überlandstraße und verdiente sich seinen Lebensunterhalt mit dem Verkauf von Hotdogs am Straßenrand. Seine Ohren waren nicht mehr so gut, darum hörte er nie Radio. Seine Augen waren nicht mehr so gut, darum las er nie Zeitung. Gut aber waren seine Hot Dogs, die er verkaufte, und er stellte Schilder an die Straße und rief: *„Ein Hotdog gefällig?"*

Schließlich konnte er all die Bestellungen mit seinem kleinen Ofen nicht mehr ausführen. Er bat seinen Sohn, der am College studierte, um einen Rat, ob er in einen größeren Ofen investieren sollte. Der Sohn sagte: *„Vater, hast du es nicht im Radio gehört? Wir haben eine riesige Rezession! In Europa ist die Lage schlimm. In Amerika ist sie noch schlimmer. Alles geht vor die Hunde. Und du willst in solch einer Zeit noch investieren?"* Der Vater sagte zu sich selbst, da sein Sohn ja auf dem College sei, Zeitung lese und Radio höre: *„Er wird es ja wohl besser wissen."*

Daraufhin erwarb er keinen größeren Ofen. Er stellte kein Reklameschild mehr auf und bestellte weniger Würstchen und Brötchen. Seine Stimmung war gedrückt, und im Gegensatz zu früher rief er nicht mehr laut: *„Ein Hotdog gefällig?"* In kurzer Zeit verschlechterte sich sein Geschäft. Der Umsatz ging mehr und mehr zurück. *„Du hast Recht, mein Junge"*, sagte der Vater zum Sohn, *„wir befinden uns wirklich in einer schrecklichen Rezession."*

Hypnose des Alltags

Hypnose ist ein tägliches Erleben, ein natürlicher Zustand, den wir mehrmals am Tag erleben, ein intensiver Tagtraum, ein entspannter und gleichzeitig wacher Zustand. Hypnose ist ein veränderter Bewusstseinszustand. Die Hypnose des Alltags, von der hier die Rede ist, stellt einen eingeengten, aber subjektiv aktiven Zustand des Bewusstseins dar, bei dem die Erinnerungsfähigkeit voll erhalten ist. Wir verändern im Zustand der Alltagshypnose die Qualität unserer Aufmerksamkeit. In diesem Zustand sind wir empfänglicher für Suggestionen.

Diese Empfänglichkeit für Suggestionen von außen, die Fremdhypnose, unterscheidet sich im Prinzip von der Selbsthypnose nur durch den Initiator der Suggestion. Wird die Suggestion nicht gebilligt, ist ihre Wirkung ausgeschlossen. In der „Hypnose des Alltags", wie z.B. bei Verkaufs- oder Verhandlungsgesprächen, empfehlen sich Hypnose-Methoden, die indirekt und ohne Widerstände zu erzeugen sind.

Durch ein Einstreuen von Suggestionen in das „normale" Gespräch, gelingt es, eine Wirkung zu erzielen, ohne bewusstseinskritische Überprüfungen hervorzurufen. Der Gesprächspartner fühlt sich nicht „hypnotisiert" (= fremdbestimmt) und ist es auch nicht. Das Erzählen von Metaphern „verzaubert" den Gesprächspartner, führt ihn durch einen persönlichen Bezug in ein interessantes und spannendes inneres Erleben.

Hypnose ist also nicht das Szenario, das man aus Filmen kennt: *Eine Person liegt auf einer Liege, wird in einen Trancezustand versetzt und erinnert sich plötzlich an Dinge aus der frühen Kindheit, die nur durch den Einfluss des Hypnotiseurs zutage gefördert werden.*

Hypnose ist vielmehr die sanfte Manipulation der Gedanken und Wünsche des Hypnotisierten. Dies geschieht z.B. dadurch, dass man Geschichten erzählt, in die sich der zu Hypnotisierende hineinversetzen kann und indem man die Geschichten so konstruiert, dass sie immer einen bestimmten Ausgang haben, so dass der Hypnotisierte den Eindruck bekommt, es müsse immer so sein. Daraufhin kann man die Gedanken des zu Hypnotisierenden gemächlich in eine bestimmte Richtung lenken.

Auch sich selbst kann man so hypnotisieren. Dies gelingt jedoch nur, wenn man selbst daran glaubt, dass man das schaffen kann, was man sich vornimmt (beispielsweise mit dem Rauchen aufzuhören).

Prinzipien der Hypnose

Die Prinzipien der Hypnose beruhen auf Techniken der Kommunikation, die als Kommunikationsmechanismen auch im Verkaufsgespräch, im Verhandlungsgespräch usw. angewendet werden. Der Gesprächspartner wird in eine innere Vorstellungswelt geleitet, die von einer momentanen Situation wegführt, hin zu einem auf das von „uns" fokussierte Thema.

Diese Art der suggestiven Kommunikation beruht darauf, den Gesprächspartner erst auf seinem Weg des Wahrnehmens und Verstehens zu folgen und zu begleiten, um dann führende Mechanismen wirken zu lassen. Der Gesprächspartner fühlt sich angenommen, akzeptiert, respektiert (*re-spectare* = zurückschauen [auf Lebensleistung]) und gewürdigt. So behandelt, akzeptiert das Gegenüber eine einsetzende Führung. Diese Beeinflussung wird vom Zuhörer höchstens unmerklich als Beeinflussungsversuch wahrgenommen, eine Zuwendung, die keine Widerstände aufbringt.

Hypnose als Auswirkung „unseres" eigenen Glaubens

Der Hypnotiseur spielt – vielleicht zu seinem Leidwesen – nicht die Rolle des „Retters".

Die eigentliche „Arbeit" macht der Hypnotisierte. Er versetzt sich selbst in Hypnose; er braucht den Hypnotiseur für die „Voraussetzung" der Hypnose. Dies dient der Vorstellungskraft, dass Hypnose bei ihm einsetzen kann.

Voraussetzung aller Hypnose ist, vor allem bei der Selbsthypnose, dass man die Gedanken unter Kontrolle haben kann, dass man selbst die Macht über die Gedanken hat. Haben wir die Gedanken nicht unter Kontrolle, haben sie Macht über uns. Gehen wir bewusst mit dieser Macht um, können wir gezielte Suggestion betreiben. Erziehen wir uns dazu zu glauben, dass die Suggestion sich verwirklichen wird, glaubt man, dass man erreichen kann, was man will. Die Kunst der Suggestion ist es, die Vorstellungskraft der zu beeinflussenden Person zu treffen.

Die Selbsthypnose kann auch eingesetzt werden, um eine persönliche Veränderung herbeizuführen. Z. B.: Ich werde morgens früher aufstehen. Sie besprechen sich eine Kassette „Ich werde morgens früher aufstehen" und hören sich diese jeden Tag an. Morgens, wenn der Wecker (früher als sonst) klingelt, sagen Sie sich, dass Sie fit, wach und ausgeschlafen sind. Durch diese Selbsthypnose können Sie es schaffen, morgens früher aufzustehen.

Die Suggestionen (seelische Beeinflussung)

Etymologisch ist der Begriff zurückführbar auf das lateinische Substantiv *suggestio, -onis,* was so viel bedeutet wie *Hinzufügung, Eingebung* oder *Einflüsterung,* oder auf das lateinische Verb *suggerĕre (zuführen, unterschieben).* Die Begriffe „Suggestion" und insbesondere die „Suggestibilität" sind Synonyme für Willensbeeinflussung, Machtausübung, Gutgläubigkeit, Beeinflussbarkeit und Willensschwäche.

Alltägliche Effekte, bei denen Suggestionen als Erklärungsansatz dienen können:

• Placebo-Effekt
• Selbsterfüllende Prophezeiung
• Werbung aller Art

Die Sprache des Unterbewusstseins ist die Bildersprache.

Einatmen ist in die Bildersprache übersetzt: frische Energie auftanken, diese Energie auf den Körper verteilen, in allen Teilen des Körpers spüren, erfüllt sein mit Kraft, Energie und Tatendrang. Das **Ausatmen**, ein Ausscheiden verbrauchter Energie, und das Abwerfen von Ballaststoffen.

Dass vieles nicht logisch erscheint, liegt daran, dass es psycho-logisch ist. Das Perfekte des Bildes, nicht die Logik, hat den Effekt.

99% Transpiration, 1% Inspiration oder die Wiederholung bringt's!

D. h., dass die häufige Wiederholung steigert die Wirkung der Suggestion.

Im Gegensatz zur direkten Suggestion bleibt die indirekte vom Bewusstsein längere Zeit unbemerkt und wirkt so langfristig. So hat der Glaube an Placebos diese große Wirkung, d. h. der größte Feind der Suggestion ist der Zweifel.

Zweifellos kann nicht ohne Rücksicht auf den Kontext suggeriert werden. So kann sich ein Mensch, der abends „todmüde" ist, kaum suggerieren „ich bin frisch und fit", weil er es selbst nicht glaubt!

Das Schwanken zwischen positiven Gedanken und negativen Gedanken hinsichtlich eines Zieles, eben der besagte Zweifel, macht den Erfolg zunichte. Suggestionen sollten, wenn eben überhaupt nötig, vollständig aufgehoben werden, falls sonst ein „Schaden" entstehen könnte!

Emotionale Intelligenz

Emotionale Intelligenz ist die Anwendung grundlegender kommunikativer, emotionaler, intra- und interpersoneller Fähigkeiten, die in anderen Bereichen entwickelt werden.

Emotionale Intelligenz ist **keine** „eigenständige" Disziplin, sondern lebt als „eigenständige Disziplin" – wie das Coaching – von der Unwissenheit der „Anwender". Die wichtigsten Fähigkeiten und Fertigkeiten, die mit emotionaler Intelligenz verbunden sind:

• Erkennen der eigenen Gefühle
• Emotionen intelligent handhaben
• Emotionen produktiv nutzen
• Umgang mit Beziehungen
• Gefühle Anderer richtig deuten (Empathie)

Die o.g. Punkte sind Basis und Bestandteil erprobten, psychotherapeutischen Wissens. Die Folgen, die ein Mangel an emotionaler Intelligenz nach sich zieht, haben Langzeitwirkung, weil die Konsequenzen nicht sofort ersichtlich oder spürbar sind. Es entwickeln sich „selbst-gemalte" Problembilder.

Die Folgen unbearbeiteter Problembilder sind:

• Entscheidungsdruck wächst stetig an
• „Kanalblick" – es werden wenige Alternativen wahrgenommen
• Schwarz/Weiß-Malerei
• Abwehrhaltung gegen Alles und Jedes
• Sägegeräuschsyndrom
• Gerüchteküchesyndrom

Tatsächlich ist eine der gravierendsten Folgen eines Mangels an emotionaler Intelligenz die fast heimtückische Wahrnehmungseinschränkung, die ja jede weitere Wahrnehmung behindert und so das Problem unbeobachtet, unbemerkt sich vergrößern lässt.

Emotionale Intelligenz

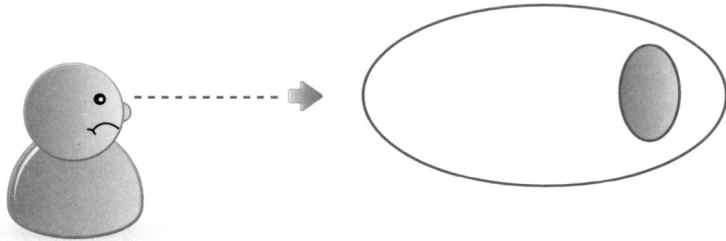

Tatsächlich wahrgenommener Bereich bei Problemlösungsdruck und daraus resultierende, eingeschränkte Wahrnehmung.

Motivation oder: Mitarbeiter für sich und die Aufgaben gewinnen

Wer zeitgemäß führen will, motiviert nicht, sondern verhindert De-Motivation. So lautet das Credo, das sich dank Bestseller-Autor Reinhard Sprenger und seinem Mythos Motivation geradezu epidemisch in den Köpfen der Führungskräfte verbreitet hat. Bewiesen ist damit jedoch sicher eins: Die Konditionierung funktioniert doch, Skinner sei Dank.

> **Burrhus Frederic Skinner** war der prominenteste Vertreter des Behaviorismus in den USA, prägte den Begriff „operante Konditionierung", erfand das so genannte „programmierte Lernen" und verfasste den weltweit beachteten utopischen Roman Walden Two.

Dem „Mythos Motivation" glaubten viele Führungskräfte und Unternehmer aus ihrer Lebenserfahrung nicht, zu sehr, so zeigt das „real existierende" Leben, ist der Mensch aus unterschiedlichsten Gründen auf Anerkennung und Zuwendung aus. So bleibt, frei nach Konrad Adenauer: *„Die Menschen muss man nehmen wie sie sind, es gibt keine anderen"*, die Aufgabe Motivation.

Eines der bewährtesten Motivationsmodelle ist die Zweifaktorentheorie von Frederick Herzberg. Auch wenn – wie bei allen Theorien – sich seit der Formulierung Änderungen ergeben haben, ist diese Theorie faszinierend einfach und im praktischen Gebrauch förderlich. Mittels seines Modells lassen sich eine Reihe von Ratschlägen für ein motivierendes Arbeitsverhältnis formulieren. Herzberg stellte in seinen in der betrieblichen Praxis gemachten Studien zwei Einflussfaktoren fest, die die Arbeitszufriedenheit bestimmen.

Er unterschied **Motivatoren** und **Hygienefaktoren**.

Unter Motivatoren verstand Herzberg alle Einflüsse, die die Freude, Lust und Anreiz an der Arbeit steigern. Er zählte dazu u. a. Verantwortungsmöglichkeiten, die Art der Arbeit, Karrieremöglichkeiten oder die Anerkennung durch die Arbeit selber.

Diesen Faktoren stellte er Einflüsse gegenüber, die zwar vorhanden sein müssen, aber selten wahrgenommen werden. Er unterschied hier zum Beispiel eine zufrieden stellende Personalpolitik, gute zwischenmenschliche Beziehungen, ein angemessenes Gehalt oder die Sicherheit des Arbeitsplatzes.

Schnell fokussierte sich die Kritik auf die von Herzberg vorgenommene Unterscheidung von Motivatoren und Hygienefaktoren. Und so zeigt auch unsere derzeitige Arbeitslage, dass Hygienefaktoren wie „der sichere Arbeitsplatz" schnell zum Motivator mutieren können. Andererseits kann die selbstverständlich gewordene Arbeitsplatzsicherheit überhaupt nicht mehr wahrgenommen werden.

Als Fazit ergibt sich, dass zwar generell zwei Arten von Einflussfaktoren unterschieden werden können, die jedoch je nach Kontext sich in ihrer Wirkungsweise verändern können.

Das Strukturieren einer motivierenden Arbeitsstruktur

Die Arbeit soll so strukturiert sein, dass sie nicht monoton erscheint.

Auch hier erkennt man sofort, dass die „passive" Ausdrucksweise „soll so strukturiert sein" die aktive Struktur des CommuniTYcation® nicht trifft. CommuniTYcation® schafft und fördert die Ver-Antwortung des Einzelnen, sich aktiv um eine sinnvolle und motivierende Arbeitsstruktur zu kümmern, sie nicht passiv, „umzingelt vom Verwöhnaroma", zu fordern.

Bei einer Formulierung wie: „... *damit das Zugehen auf eine Aufgabe als befriedigend erlebt werden kann, muss zunächst die Struktur der Aufgabe stimmen: Aufgaben sollten nicht monoton sein ...* " stellt CommuniTYcation® die Frage nach der Ver-Antwort-ung: Wer gibt die Antworten?

Und da können wir uns nicht weiter drücken, auf welcher Ebene auch immer. Der Preis, den wir jetzt schon wirtschaftlich und politisch zahlen müssen, ist zu groß.

Vor allem Inaktivität lähmt unsere Gesellschaft. Erkannt haben das schon viele Menschen, aber es passiert noch zu wenig. Der CommuniTYcation®-Gedanke will die Veränderung herbeiführen.

Für die motivierende Arbeitsstruktur bedeutet das, dass selbstverständlich jeder einzelne sich darum kümmern muss, ob seine Fähigkeiten sinnvoll eingesetzt sind, er/sie der Aufgabe eine Bedeutung beimessen kann, seinen/ihren individuellen Beitrag beibringen kann oder Informationen über das Ergebnis aus eigener Kraft zu besorgen sind.

Dass die Verantwortung, d. h. die Antworten von Führungsseite und Arbeitnehmerseite unterschiedlich ausfallen, ist klar – aus jeder Hinsicht ist eine förderliche Antwort gefordert.

Was für die motivierende Arbeitsstruktur gilt, hat auch Bedeutung für die Organisationsstruktur.

Würden wir wie vor dem CommuniTYcation®-Zeitalter fordern: *„Jeder braucht einen abgegrenzten Arbeitsbereich … braucht seinen Neigungen gemäße Aufgaben … Übersichtlichkeit hinsichtlich Aufgabe und Arbeitsgruppe … Übertragung adäquater Kompetenzen …"* hätten wir wiederum den Rückschritt in die Zeit der „Ver-Antwort-ungslosigkeit".

Andere motivieren – sich selbst motivieren – aber wie?

„Motivation beginnt mit Selbstmotivation."

Mitarbeiter erwarten oft, dass sie von Vorgesetzten motiviert werden.

Dies ist ein typisches Konsumverhalten der Nachkriegsgenerationen in Deutschland, wahrscheinlich hervorgerufen durch ein Verwöhnaroma der jeweils älteren Generation nach dem Motto: *„Wir sollen es mal besser haben, nur nicht selber quälen"*.

Die „besten" Erfolge zeigt Selbst-Ver-Antwort-ung. Derjenige, der seine Stärken kennt, seine Fähigkeiten fördert, wer zudem die eigenen Schwächen reduziert und Schlechtes gezielt ausmerzt, der motiviert sich am effizientesten.

Die nachfolgende Anleitung zur Demotivation macht uns deutlich, dass wir tagtäglich andere demotivieren, indem wir:

- Misserfolge betonen (Lernpessimismus verbreiten).
- Schlechte Arbeitsbedingungen schaffen.
- Auf Lob und Belohnung verzichten.
- Informationen vorenthalten (Ziele nicht klar formulieren).
- Den Leerlauf und die Langeweile fördern.
- Das Versagen mehrfach zulassen bis der Misserfolg programmiert ist.
- Keine Neugierde an Arbeitsprozessen zulassen.

Moderation

Kaum eine Methode hat eine derartige Verbreitung und Akzeptanz gefunden. Trainer, Coaches, Führungskräfte, Gruppenleiter müssen sich auch in konsequent abgeflachten Unternehmenshierarchien entsprechende Kompetenz aneignen. Es gilt, demokratische und eigenverantwortliche Kommunikations- und Arbeitsformen zu etablieren. Das heißt: Unternehmen brauchen Mitarbeiter mit Moderatorenkompetenz und dies ist viel mehr als das oft erlebte „Alles Pinwand, oder was?"

Wirkungsvolle Präsentation

Aufgaben, Ideen, Fakten, Konzepte oder Visionen vertreten sich nicht von selbst, sondern bedürfen der professionellen Präsentation. Der gekonnte Umgang mit sinnvoll ausgewählten Medien ohne Multi-Media-Show, sicheres und an Teilnehmer orientiertes Auftreten und die uneitle didaktische Reduktion auf das Wesentliche sind die Bausteine der erfolgreichen Präsentation.

Vorbereitung, Umgang mit Nervosität, Phasen der Präsentation, Umgang mit Fragen und Einwänden, Improvisation, Moderation, Präsentationsmedien sind nicht die zentralen Themen einer Präsentation, und dennoch ... Fakten, mit denen man sich als Führungsperson beschäftigen muss.

Die Präsentation stellt eine besondere Form der Kommunikation dar, deren Ziel es ist, das Publikum für das vorgestellte „Produkt" zu gewinnen.

Bei der Präsentation handelt es sich meistens um eine Mischung aus „Rede, Lehrveranstaltung und Show."

Zum Mythos Teamarbeit

Teambildung erfolgt leider nicht in Laborsituationen, sondern „life“. Deshalb verlaufen diese Phasen einer Teambildung auch nicht prototypisch und hängen direkt vom Kontext der Institution ab.

So wie die Frage: *„Welcher Führungsstil ist der Richtige?“* in die Frage: *„Welcher Führungsstil? Wann?“* umformuliert werden sollte, um ein sinnvolles Ergebnis zu erreichen, ist der Phasenverlauf von Strategien, Glaubenssätzen der Menschen oder dem jeweiligen Führungsstil abhängig.

Teambildungsphasen

Die prototypisch vorkommenden Phasen können in Formierungsphase, Konfliktphase, Normierungsphase, Arbeitsphase und Abschlussphase unterschieden werden:

- **Formierungsphase** (Wer formiert?)
  - Angst vor der Aufgabe → Unsicherheit
  - Prüfung der Situation → Welche Regeln gelten?
- **Konfliktphase** (Wer ist aggressiv, neidisch?)
  - Rebellion → Anerkennen was ist! (siehe Eisbergmodell und Triade)
  - Widerstand gegen Regeln → Abwehrmechanismen z. B. Trotz
- **Normierungsphase** (Ich setze mir Regeln!)
  - Wir-Gefühl suchen. Sucht, nicht alleine im Leben dazustehen.
- **Arbeitsphase**
  - Rolle (freiwillig) übernehmen
- **Abschlussphase**
  - Aufgabe/Projekt beendet
  - Team auflösen
- **Neue Formierungsphase**
  - Neues Team bilden

Von der Supervision bis zum Coaching

Der lange Weg in die Wirtschaft

Aufgrund der Differenzierung und wegen der „Bedürfnisse" der Praxis verließ die Supervision ihre angestammten Felder. „Supervidere" aus dem Lateinischen übersetzt, heißt „etwas überblicken". Demnach sieht Supervision alles, oder: Der „Supervision" bleibt nichts verborgen.

Die Begriffsbestimmungen von **Supervision** sind vielfältig, lassen sich jedoch in einer Kernaussage zusammenfassen. Supervision ist eine Beratungsform, die berufliche Fragestellungen thematisiert und bearbeitet. Berufliches Handeln spielt sich in einem Interaktionsprozess zwischen dem Mitarbeiter, seiner Aufgabe und den institutionellen Rahmenbedingungen ab.

Supervision beschäftigt sich auf einer Art Metaebene – die Supervisanden berichten über ihre Arbeit – mit diesem Geschehen. Ziel von Supervision ist es, in jeweils unterschiedlicher Gewichtung, die persönliche und berufliche Handlungskompetenz weiter zu qualifizieren sowie die dazu adäquate Entwicklung der Organisation anzustreben.

Von ihrer Tradition her kommt die Supervision aus der sozialen Arbeit und orientiert sich an dem Interaktionsprozess zwischen „Helfer" und „Klient". Supervision betonte zunächst die Bearbeitung der persönlichen und beruflichen Anteile, die in diesem Interaktionsgeschehen ausgelöst werden.

Durch die zunehmende Wahrnehmung der strukturellen und organisatorischen Frage- und Problemstellungen – der Organisationswirklichkeit – löste sich Supervision aus ihrem eher therapeutischen Verständnis. Supervision erfuhr dadurch eine Erweiterung, die sie auch für Arbeitsfelder nutzbarer macht, in denen weniger eine Dienstleistung am Menschen vollzogen, sondern ein Produkt erstellt wird.

Supervision kann sich mit dem aufgaben- und zielorientierten Ansatz eher Zugang zu Profit-Organisationen verschaffen. Jedoch mag gerade hier die Arbeit an den persönlichen, insbesondere kommunikativen Fähigkeiten der Mitarbeiter eine Qualifizierung bringen, auf die noch zu wenig geachtet wird.

Es ist hinlänglich bekannt, dass Reibungsverluste im Produktionsablauf häufig auf mangelnde Kommunikation und Kooperation zurückzuführen sind. Trotzdem wird noch zu wenig Wert auf die Qualität der Arbeitsbeziehungen gelegt.

Hier ist Supervision mit der Qualifizierung der persönlichen und kommunikativen Handlungskompetenz ein effektives Angebot. Supervision analysiert das Zusammenwirken zwischen den Menschen, die gemeinsam ein Produkt herstellen, und die organisatorischen Rahmenbedingungen. An diesen Punkten schrittweise, unter Beteiligung der Betroffenen, zu arbeiten, stellt die Intervention der Supervision dar.

„Welche Themen, Fragen, Konflikte oder Probleme sind es, die es uns erschweren, die gemeinsame Aufgabe zufrieden stellend und effektiv zu gestalten?" und „Was soll durch deren Bearbeitung erreicht werden?", sind die Ausgangsfragen von Supervision. Mit den Zielen können beispielsweise folgende Inhalte verbunden werden:

Klärung von persönlichen Fragestellungen: Meine persönlichen Motive, Ziele, Interessen in diesem Betrieb zu arbeiten; welche Möglichkeiten bietet mir der Arbeitsplatz und welche Ziele vertritt die Organisation? Welche Fähigkeiten und Kompetenzen habe ich und wie kann ich sie am besten zur Erfüllung der Aufgabe einsetzen?

Konflikte zwischen Mitarbeitern: Ich teile mit einem Kollegen das Zimmer und fühle mich so gestört, dass es mir schwer fällt, mein

Arbeitspensum zu erfüllen. Ich mache Überstunden, habe Reibereien mit den Kollegen und werde vom Chef angesprochen.

Analyse der Informationswege

* Wer braucht welche Informationen, wie und von wem erhält er sie?
* Welche formellen und informellen Wege gibt es?
* Wo entstehen Reibungsverluste?

Überprüfung von Kooperationsabsprachen

Wer erteilt welche Aufträge, wie werden sie umgesetzt, entsprechen die Absprachen den Anforderungen, wie werden sie gegeben und wie kommen sie beim Adressaten an?

Führungs- und Leitungsprobleme aus der Sicht der Mitarbeiter und aus der Sicht der Vorgesetzten

Supervision greift diese Fragestellungen auf und bearbeitet sie anhand des **Drei-Dimensionen-Modells**: Nachdenken über den persönlichen Anteil **(persönliche Dimension)**, wie sieht die Problemstellung aus der Sicht der Kollegen und der Aufgabenstellung aus **(aufgabenbezogene Dimension)**, und welchen Einfluss hat die Organisationsstruktur **(situationsbezogene Dimension)**?

In der Supervision wird dieser Wechselwirkungsprozess betrachtet und **reflektiert**, und es wird erarbeitet, welchen Beitrag diese drei Dimensionen zur Lösung des Problems leisten können und müssen.

Das damit verbundene ergebnis- und inhaltsorientierte Arbeiten ist ein Standbein der Supervision. Eine wichtige Ergänzung ist die Prozessarbeit, also die Dynamik des (Gruppen-)Prozesses, die eine ebenso erfahrungs- wie lehrreiche Bearbeitungsebene darstellt.

Die Sichtweise des Drei-Dimensionen-Modells mag dazu verführen, Supervision als etwas Starres zu begreifen. Es dient aber lediglich als Erklärungsmodell für den „verborgenen" Arbeitsprozess und riskiert dabei, manche Erwartungen zu enttäuschen.

Der spannende Balanceakt, der in diesem Modell steckt, wird demjenigen sichtbar und erfahrbar, der sich auf den Supervisionsprozess einlässt.

Supervision kann nur Veränderungen und Entwicklungen herbeiführen, wenn gemeinsam Ziele und Arbeitsinhalte festgelegt werden, an denen prozessorientiert und ergebnisorientiert gearbeitet wird. Supervision setzt die Bereitschaft Aller voraus, aktiv mitzuwirken und sich auf den Prozess einzulassen. Die Arbeitsform der Supervision ist strukturiert, methodisch angeleitet und basiert auf einem theoretischen Verständnis, das sich im Wesentlichen auf psychoanalytische Persönlichkeits-, sozialpsychologische Interaktions- und Organisationstheorien gründet.

Welche Formen gibt es?

Einzelsupervision ist die ursprüngliche Form und bietet sich besonders für Personen an, die diesen geschützten Raum zur Klärung ihrer beruflichen Fragestellungen wünschen und auch brauchen. Will beispielsweise ein Abteilungsleiter seine Situation und Position als Vorgesetzter besprechen oder spezifische Fragen bearbeiten, die mit seiner Rolle als Vorgesetzter zusammenhängen, ist es sinnvoll, diese Form zu wählen.

Auch für einen Mitarbeiter, der beispielsweise vor der Übernahme eines neuen oder umfangreichen Projektes steht, kann die Begleitung dieses Prozesses Inhalt einer Einzelsupervision sein.

„Welche Fragen, Konflikte oder Probleme sind es, die es uns erschweren, die gemeinsame Aufgabe zufriedenstellend und effektiv zu gestalten?" und „Was soll durch deren Bearbeitung erreicht werden?" sind die Ausgangsfragen von Supervision. Mit den Zielen können beispielsweise folgende Inhalte verbunden werden: Welche Fähigkeiten und Kompetenzen habe ich und wie kann ich sie am besten zur Erfüllung der Aufgabe einsetzen?

Was ist die Idee von Supervision in der betrieblichen Weiterbildung?

Führungskräfte und Teams sollen die Denkweise des kontinuierlichen Verbesserungsprozesses (KVP), Kundenorientierung, hohe Qualität, kurze Lieferzeiten und angemessene Preise in die Praxis umsetzen. Um den KVP-Prozess einzuleiten und aufrechtzuerhalten, müssen die Organisationsstrukturen, die bisherigen Rollen der Führungskräfte und die Form der Zusammenarbeit analysiert und gegebenenfalls verändert werden.

Statt Einzelkämpfertum ist Kooperation gefragt.

Die neue Rolle der Führungskraft ist: Förderer der Mitarbeiter beziehungsweise der Mitarbeiterteams. Die Mitarbeiter müssen lernen, kooperativ im Team und mit Lieferanten und Kunden zu arbeiten.

Genau hier setzt Supervision an. Sie ist die prozessbegleitende Unterstützung der Führungskraft und der Teams bei der Weiterentwicklung der persönlichen Einstellungen und Verhaltensweisen, zum Beispiel vom autoritären zum kooperativen Führungsstil.

Supervision bedeutet für einzelne Mitarbeiter, Teams und Organisationen eine Begleitung beim Entwicklungs- und Reflexionsprozess durch einen psychologisch ausgebildeten Supervisor.

Wo wird heute der Bedarf nach Supervision sichtbar?

Der Bedarf nach Supervision wird in der Personalarbeit und Organisationsentwicklung sichtbar. Zum Beispiel: Die Führungskraft beeinflusst direkt den Erfolg des Teams. Für sie bedeutet Supervision eine Unterstützung bei der Steuerung der sozialen Prozesse und Arbeitsabläufe zur Schaffung eines Leistung steigernden Arbeitsklimas.

Weitere Einsatzgebiete von Supervision ergeben sich bei der Entwicklung von Konzepten, Einführung von strukturellen Veränderungen, organisatorischen Neuerungen oder veränderten Aufgabenbereichen. Außerdem gibt es einen Bedarf für Supervision für die Zielgruppe der Trainer. Sie werden ständig mit neuen Menschen und Themen konfrontiert. Supervision unterstützt Trainer beim Aufarbeiten von komplexen Trainingssituationen.

Was könnten denn konkrete Inhalte von Supervision für Trainer sein?

Inhalte der Teamberatung für Trainer sind z. B.: Bearbeitung von konkreten methodischen und didaktischen Fragen, Unterrichtsmanagement, Ausarbeitung von Weiterbildungskonzepten, die Trainerpersönlichkeit und das Steuern von sozialen Prozessen und Lernabläufen, Berücksichtigung der Unternehmensziele und Anforderungen der Organisation und des Umfeldes, zum Beispiel Kosten-Nutzen, Ressourcen.

Die aktuelle Debatte in der Supervision ist durch zwei soziale Arbeitsfelder, die **Psychotherapie** und die **Sozialarbeit**, bestimmt. Innerhalb dieser beiden Traditionen finden sich wieder unterschiedliche konzeptionelle Strömungen und Epochen. In beiden Feldern wurde Supervision ursprünglich nur an einzelnen Supervisanden, später an Gruppen und im weiteren Verlauf auch an Teams praktiziert, was dann wieder ganz neue Aufgabenstellungen brachte. Durch ihre zunehmende Differenzierung, aber auch durch die „Bedürfnisse" der Praxis dehnte sich die Supervision zunehmend auf andere Felder, außerhalb von Sozialarbeit und Psychotherapie, aus und stellt heute eine eigenständige Beratungsform dar.

Der Begriff „Supervision" entstammt dem ökonomischen und administrativen Bereich. Er umreißt eine Vorgesetztenfunktion in Unternehmen, Behörden, Verbänden usw., also in Organisationen. Der „Supervisor" hat dort als übergeordnete Instanz die Aufgabenerfüllung von unterstellten Mitarbeitern zu garantieren. „Supervision" bezeichnet also eine „Führungsfunktion". In Produktions- oder Dienstleistungsbetrieben etwa hat der Supervisor Sorge zu tragen, dass die von ihm geführten Mitarbeiter ihre Aufgaben sachgerecht erledigen, das heißt, er hat sie fachlich anzuleiten und bei ihrer Aufgabenerfüllung zu kontrollieren.

Generelle konzeptionelle Auseinandersetzungen mit dieser Führungsfunktion in Organisationen mit ökonomischen Zielen finden wir in der Human Relations-Literatur. Sie machte darauf aufmerksam, dass die Aufgabe des Vorgesetzten nicht nur in emotional distanzierter Kontrolle bestehen kann, sondern auch in menschlich akzeptierender Unterstützung bei fachlichen Fragen.

Ungleich komplexer stellt sich aber diese Führungsaufgabe, wenn das Ziel professioneller Aktivitäten in der Veränderung von Menschen besteht. In solchen Arbeitsfeldern, wie Sozialarbeit und Psychotherapie, erfolgt Supervision ja nicht einfach für eine sachliche Aufgabenerfüllung, sondern für menschliche Interaktionen. Konzeptionelle Auseinandersetzungen mit Supervision in diesen Bereichen müssen neben der Relation zwischen Supervisor und Supervisand auch die zwischen Supervisand und Klient mit einbeziehen.

Supervisionsformen in der Psychotherapie entwickelten sich vorrangig im Rahmen von psychotherapeutischen Ausbildungen. Hier fungierte und fungiert der Ausbilder als Supervisor, der beratische und supervisorische Kompetenzen erworben hat. Der Ausbildungskandidat lernt und übt Ansätze aus der Einzel-, Gruppen- und Teamsupervision, deren Methoden und Handlungsmodelle. Er wird mit Theorien vertraut gemacht, die es ihm während seiner späteren Beratungstätigkeit ermöglichen, komplexe Interaktionsprozesse in Organisationen wahrzunehmen und zu bearbeiten. Ein Schwerpunkt der Ausbildung liegt in der Weiterentwicklung der persönlichen Einstellungs- und Verhaltensmöglichkeiten und der kommunikativen Kompetenzen.

Es ist nicht einfach, über die Qualität der eigenen Berufsgruppe zu sprechen, vor allem, da es dabei gleichzeitig um die eigene Kompetenz geht. Für die Supervision und für die Supervisoren muss es nicht nur deswegen heißen: Raus aus dem Verborgenen und Profil und Qualität zeigen.

Supervision versteht sich als Entwicklungsprozess von Einzelnen, Gruppen und Organisationen.

In den letzten Jahren finden wir Supervision unter dem Begriff „Coaching" auch in der Wirtschaft. Insbesondere als Einzelberatung für Manager hat sie hier zwei Funktionen: Sie ist einerseits eine „exklusive" Maßnahme der Personalentwicklung und andererseits eine „Psychotherapie für berufliche Themen".

Supervision in der Sozialarbeit

Die konzeptionelle Entwicklung von Supervision in der Sozialarbeit spiegelt unterschiedliche Entwicklungsperioden eben dieser Profession wieder. Das Verständnis von Supervision lässt sich hier nach drei Phasen unterscheiden, bei denen Supervision in der ersten als administrative Funktion begriffen, in der zweiten psychologisiert und in der dritten soziologisiert wurde.

Da sich Sozialarbeit aus karitativen Wurzeln, insbesondere im englischsprachigen Raum, bald zu administrativ angebundenen Formen weiterentwickelte, wurde Supervision hier auch zunächst als administrative Funktion begriffen. Der vorgesetzte Sozialarbeiter fungierte dem unterstellten Sozialarbeiter gegenüber als Supervisor.

Dem psychotherapeutischen Bereich entstammen zwei unterschiedliche Ansätze, die auch für die weitere Gegenstandsdebatte in der Sozialarbeit bestimmend wurden: Das **Balint-Gruppen-Modell** und die **themenzentrierte interaktionelle Methode nach Cohn.**

Aus der ungarischen Schule der Psychoanalyse entwickelte Michael Balint einen wegweisenden Supervisionsansatz. Balint eröffnete mit seinem Ansatz eine neue Perspektive, dass nämlich Supervision eine generelle Beratungsform darstellt, die auf jede professionelle Interaktion angewandt werden kann. Er bot also erstmals Nicht-Analytikern, das heißt Praktikern aus anderen Feldern, die noch dazu bereits jahrelang berufstätig waren, über Supervision eine vertiefte Fortbildung an. Das Balint-Gruppen-Modell stellt deshalb auch einen Markstein in der Etablierung von Supervision als eigenständiger Beratungsform dar.

Ein anderes, heute vielfach in der Supervision verwendetes Gruppenmodell kreierte Ruth C. Cohn. Als Psychoanalytikerin und Gestalttherapeutin entwickelte sie aus ihrer Arbeit als Lehrtherapeutin einen Ansatz zur Gruppensupervision, aber auch zur erlebnisorientierten Lehre. Auch dieses Modell war für die Gegenstandsentwicklung von Supervision sehr wichtig. Es war der erste gruppale Ansatz, der den Kontext konsequent zu berücksichtigen suchte. Wegen seiner konzeptionellen Breite fand gerade dieses Modell in unterschiedlichsten Arbeitsfeldern Verwendung. Nicht nur Psychotherapeuten und Sozialarbeiter, sondern auch Pädagogen, Theologen, Ärzte usw. erhielten und erhalten Supervision mit Hilfe dieses Modells.

Supervision im Team

Gruppensupervision wurde in der Sozialarbeit lange skeptisch beurteilt. Erst als sich auch in der Sozialarbeit das „social-group-work-Modell" mit Klienten in breiterem Umfang durchsetzte, plädierten sozialarbeiterische Supervisoren für Gruppensupervision.

Da Sozialarbeit schon traditionell und Psychotherapie in zunehmendem Maße in institutionellen Zusammenhängen stattfinden, ergibt sich seit den 70er Jahren in beiden Bereichen ein zunehmendes Bedürfnis nach „Team-Supervision". Kooperierende Arbeitsgruppen erhalten dabei jeweils von einem Supervisor Beratung.

Im Hinblick auf den aktuellen Diskussionsstand finden wir hier unter sozialarbeiterischen Supervisoren einerseits und psychotherapeutischen andererseits ein sehr unterschiedliches Niveau.

Konzeptionell wurde die Ausdehnung von Supervision auf Teams in der psychotherapeutischen Supervisionsliteratur kaum vollzogen. So finden sich auch nur vereinzelte Analysen, die etwa dem Zusammenhang zwischen der Rolle des Supervisors und seinen Beziehungen zu den Supervisanden im organisatorischen System Rechnung tragen.

Abgesehen von familientherapeutischer Supervision, bleibt psychotherapeutische Supervision psychoanalytischer oder humanistisch-psychologischer Provenienz inhaltlich wie methodisch meistens an der Dyade Therapeut-Klient oder Therapeut-Therapeut orientiert.

Auseinandersetzungen mit besonderen Bedingungen des organisatorischen Systems finden wir bislang primär in der familientherapeutischen Literatur genauer umrissen.

Der inhaltlichen Auseinandersetzung mit dem organisatorischen Kontext des Supervisanden wird, wie schon angesprochen, in der Sozialarbeit traditionell ein größerer Stellenwert beigemessen, weil Sozialarbeit immer schon deutlicher institutionell angebunden ist. Und besonders in den letzten Jahren finden wir vielfältige Beiträge, wie der

Kontext inhaltlich zu berücksichtigen ist. Allerdings liegen auch hier kaum systematische Analysen, etwa organisations-theoretischer Art, vor. In dieser Supervisionstradition wird aber diskutiert, ob Supervision nicht auch Organisationsberatungsaufgaben einschließen sollte.

Im Verlauf ihrer Entwicklung hat sich Supervision in Psychotherapie und Sozialarbeit nicht nur von ihren ursprünglichen Zielgruppen, den Ausbildungskandidaten und den unterstellten Mitarbeitern, fortentwickelt. Heute wird sie, insbesondere unter dem Einfluss des Balint-Gruppen-Modells und des Ansatzes von Cohn, auch auf Berufstätige angewandt.

Darüber hinaus nutzen immer häufiger Berufstätige unterschiedlichster Felder Supervision als Fortbildungsmaßnahme oder um sich vor dem „Ausbrennen" zu bewahren, also aus psychohygienischen Gründen.

Bei Durchsicht der aktuellen Literatur fällt sogar auf, dass die Mehrzahl der Publikationen heute an der Supervision von „fertigen" Berufstätigen orientiert ist, die von einem eigenständig ausgewählten Supervisor beraten werden, also einem nebenberuflich oder freiberuflich tätigen Supervisor. Und es fällt auf, dass in den letzten Jahren zunehmend supervisorische Arbeit beschrieben wird, die an Nicht-Sozialarbeitern und Nicht-Psychotherapeuten durchgeführt wird. Das hat sich auch konzeptionell niedergeschlagen. Wir finden zunehmend die Auffassung, dass Supervision, als generelle Beratungsform, kein Kontrollmoment enthält, sondern eher in einem „rein freiwilligen" Rahmen erfolgen soll. Es besteht allerdings eine Divergenz insofern, als viele supervisorische Aktivitäten faktisch weiter in administrativen und Aus- beziehungsweise Fortbildungszusammenhängen stattfinden.

Wo Psychotherapeuten angesichts der Komplexität professioneller Probleme oft passen müssen, ist der Coach/Supervisor hochspezialisiert auf das Verstehen „beruflichen Leides" oder des Wunsches nach mehr „Selbstmanagement" von Führungskräften.

Epilog oder: Was soll ich tun?

Eine Hommage an Jiddu Krishnamurti:

> Die Wahrheit, nach der die Menschen suchen, ist ein Terrain ohne vorgetretene Wege, keine Religion, keine Philosophie oder Ideologie führt zu ihr.
>
> Die Wahrheit erfahren wir als grenzenlos, sie kann nicht auf vorgegebenen Wegen erreicht und daher auch nicht organisiert werden.
>
> Die Erkenntnis der Wahrheit ist eine absolut individuelle Angelegenheit.
>
> Falls man sie in Ideologien pressen will, wird die Wahrheit zu etwas Totem, Starrem, die anderen aufgezwungen wird.

Es gibt die Möglichkeit vollständiger „geistiger" Freiheit, indem durch aufmerksame, kontemplative, achtsame Beobachtung des eigenen Geistes und seiner Reaktionen in dem Moment, in dem diese geschehen, seine „Natur" erkannt wird.

Keine Methode, keine Religion, kein Lehrer kann zur Wahrheit führen. Jeder ist für seinen Weg selbst verantwortlich. In der absoluten Akzeptanz dieser Erkenntnis liegt die Freiheit.

Wir wissen nur eins, dass wir nicht wissen können. Die geläufige Übersetzung von oîda ouk eidōs trifft nicht den Sinn der Aussage. Wörtlich übersetzt heißt der Spruch „Ich weiß als Nicht-Wissender", d.h. ich weiß eben nicht. „Ich weiß, dass ich nicht weiß". Das ergänzende „-s" an „nicht" ist ein Übersetzungsfehler.

Das vermeintliche Wissen ist nur ein beweisloses Für-selbstverständlich-Halten, das sich bei näherer Untersuchung als unhaltbares Scheinwissen entpuppt.

Ein sicheres Wissen findet man bei den Menschen grundsätzlich nicht, deshalb kann man von seinen eigenen Ansichten nur vorläufig überzeugt sein.

Es ist ein Paradoxon, dass auch das Wissen über das „Nichtwissen"
ein Wissen ist, von dem man nicht sicher wissen kann. Es bleibt die
Ratlosigkeit.

Schon Xenophanes meinte:

> „Und das Genaue freilich erblickte kein Mensch und es wird auch
> nie jemand sein, der es weiß (erblickt hat) in Bezug auf die Götter
> und alle Dinge, die ich nur immer erwähne; denn selbst wenn es
> einem im höchsten Maße gelänge, ein Vollendetes auszuspre-
> chen, so hat er selbst trotzdem kein Wissen davon; Schein (mei-
> nen) haftet an allem."

Xenophanes von Kolophon

Goethe gibt dieser Wahrheit folgende Form:

Faust: Der Tragödie Erster Teil

Faust:
Habe nun, ach!
Philosophie, Juristerei und Medizin,
Und leider auch Theologie
Durchaus studiert, mit heißem Bemühn.
Da steh ich nun, ich armer Tor!
Und bin so klug als wie zuvor;
Heiße Magister, heiße Doktor gar
Und ziehe schon an die zehen Jahr
Herauf, herab und quer und krumm
Meine Schüler an der Nase herum –
Und sehe, daß wir nichts wissen können!

Auch der Wissenschaftstheoretiker Sir Karl Popper fand nur einen
Kniff: Nach dem Falsifikationismus unterliegt jede Theorie der mög-
lichen Fehlerhaftigkeit. Der Falsifikationismus geht davon aus, dass
eine Hypothese niemals bewiesen, aber gegebenenfalls widerlegt werden kann. Dieser Grundgedanke ist bereits älter als Popper, man findet ihn z.B. bei August Weismann, der 1868 meinte:

... es lässt sich eine wissenschaftliche Hypothese zwar niemals erweisen, wohl aber, wenn sie falsch ist, widerlegen, und es fragt sich deshalb, ob nicht Thatsachen beigebracht werden können, welche mit einer der beiden Hypothesen in unauflöslichem Widerspruch stehen und somit dieselbe zu Fall bringen.

Nur das, was wir selbst erkennen, ist wirkliche Einsicht, nicht das, was wir in Theorien, Modellen usw. erfahren.

Unser unbeobachtetes Ego ist für alle menschlichen Konflikte verantwortlich, unsere inneren und damit äußeren Konflikte sind nur Auswirkungen unseres inneren Zustandes. Deshalb ist nicht an die äußere Beseitigung dieser Missstände zuallererst zu denken, sondern an eine Transformation des Menschen in seinem Inneren, eine radikalen Umwandlung, welche nichts zu tun hat mit einer neuen Weltanschauung oder Religion.

Gnothi seauton (griechisch Γνῶθι σεαυτόν *Gnōthi seautón*, auch Γνῶθι σαυτόν *Gnōthi sautón*, „*Erkenne dich selbst!*") ist eine Forderung im antiken griechischen Denken. Als *Nosce te ipsum* wurde sie ins Lateinische übernommen.

Es geht um die Begrenztheit und Hinfälligkeit des Menschen. Damit war es ein Appell an prinzipielle Grenzen des für den Menschen Erreichbaren und Warnung vor der Überschätzung individueller Möglichkeiten. Der Mensch soll sich bewusst sein, sterblich, unvollkommen und begrenzt zu sein. Es geht ebenso um eine Einordnung des Menschen in den Naturzusammenhang.

Mit Platon stand eine weitere Hinsicht im Vordergrund, dass der Mensch Wissen um das eigene Nichtwissen erlangen soll, damit er dann nach rechter Einsicht strebt und dadurch auch seinen Charakter veredelt. Der Mensch ist konditioniert durch Traditionen und Vorurteile von Nation, ethnischer Gruppenzusammengehörigkeit, Geschlecht und anderem. Es sind die Menschen, die einander durch diese Trennungen zerstören:

„Es wird immer klarer, dass nicht Umweltprobleme, Hungertod und Armut oder die allgemeine Ungerechtigkeit das eigentliche Anliegen sind, sondern die Tatsache, dass die Menschen selber mehr und mehr zum Terror dieser Welt werden.

Wir sind zu einer gegenseitigen Gefahr geworden; denn uns trennen die organisierten Religionen, die Glaubensbekenntnisse und Dogmen mit ihren Ritualen.

Kriege, Kriegsvorbereitungen und Atombomben – wir alle kennen den Schrecken dieser Welt.

Warum sind wir nach Jahrmillionen der Evolution, in denen wir enormes Wissen und Erfahrung gesammelt haben, immer noch dieselben? Warum leiden wir immer noch, hassen einander immer noch, leben in persönlichen Illusionen? Warum sind wir ethnisch gebunden, setzen uns für Nationalitäten ein? Wo liegt die Ursache hierfür?"

Jiddu Krishnamurti

Zentraler Punkt ist die Frage nach dem Ich oder Ego.

Während die Aufgabe der Psychologie bei Freud darin liegt, unbewusste Ich-Anteile in das Ich zu integrieren, um auf diese Weise (bereits aufgetretene) Konflikte aufzulösen, erkennt die Psychologie des Bewusstseins bereits in der Annahme der Existenz eines Ichs das eigentliche Problem: Nicht eine Ich-Stabilisierung wird angestrebt, sondern dessen „Auflösung".

Das Ich, Selbst oder auch Ego ist die Ursache aller Konflikte. Das Ich hat in sich selbst keine Realität, wird aber mit seinem Verstand dazu gebraucht, zu erkennen, dass man es nicht braucht.

Das Denken kann keine Lösung für unsere Konflikte darstellen, ebensowenig aus dem Denken entstammende Weltanschauungen, bestimmte Werte, persönliche Ansichten etc. Denken sei ein trennender, analytischer Vorgang und kann niemals die Wirklichkeit sein. Es ist eine Reflexion unserer persönlichen, konditionierten Sichtweisen der Dinge.

Das Denken ist Gedächtnis, die Erinnerung an Vergangenes. Das Denken ist die Aktivität des Wissens … Wissen ist niemals vollständig. Es geht immer Hand in Hand mit Unwissenheit.

Jiddu Krishnamurti

Ideen und Ideale sind eine weitere Ursache unserer Konflikte:

„Die Idee ist uns wichtiger als die Wirklichkeit; was wir sein sollten, liegt uns mehr am Herzen, als was wir sind. […] Unser Streben ist ständig darauf gerichtet, diese Wirklichkeit in die Schablone unserer Vorstellung zu pressen. Da uns dies nicht gelingt, schaffen wir damit einen Gegensatz zwischen dem, was ist, und dem, was sein sollte. Was sein sollte, ist unsere Idee, die Schöpfung unserer Phantasie, es kommt also zum Konflikt zwischen Illusion und Wirklichkeit – nicht nach außen hin, sondern in uns selbst.“

Jiddu Krishnamurti

Literaturverzeichnis

Adler, Alfred: Theorie und Praxis der Individualpsychologie (Fischer-Taschenbuch).

Adler, Alfred: Individualpsychologie und dialektische Charakterkunde, Frankfurt: Fischer TB; 1974.

Anz, Thomas/Pfohlmann, Oliver (Hg.): Psychoanalyse in der Wiener Moderne. Dokumente und Kommentare. (Psychoanalyse in der literarischen Moderne. Bd. 1) Marburg: LiteraturWissenschaft.de 2006.

Balint, M. (1973): Therapeutische Aspekte der Regression. Reinbek bei Hamburg (Rowohlt Taschenbuch).

Berne, Eric: „Spiele der Erwachsenen, Psychologie der menschlichen Beziehungen". Rowohlt Taschenbuch Verlag.

Bion, W. R. (1992): Lernen durch Erfahrung. Frankfurt a. M. (Suhrkamp Taschenbuch).

Carnegie, Dale: „The Leader in You", Pocket Books, 1993.

Correll, Werner: Menschen durchschauen.

Deckers, Lambert: Motivation – Biological, Psychological, and Environmental. Pearson Boston, 2nd 2005.

Dreikurs, Rudolf: Grundbegriffe der Individualpsychologie, 2002 (Dreikurs gelingt es, die Grundbegriffe der Adlerschen Individualpsychologie einem breiten Publikum zugänglich zu machen.).

Frädrich, Stefan: „Günter, der innere Schweinehund. Ein tierisches Motivationsbuch", Gabal 2004.

Freud, S. (1905): Drei Abhandlungen zur Sexualtheorie. Studienausgabe Bd. 5. Fischer Taschenbuch Verlag. Frankfurt am Main 1982.

Freud, S. (1912): Totem und Tabu. Studienausgabe Bd. 9. Fischer Taschenbuch Verlag. Frankfurt am Main 1982.

Freud, S. (1913): Das Interesse an der Psychoanalyse. Gesammelte Werke Bd. 8. S. Fischer Verlag. Frankfurt am Main 1960.

Freud, S. (1915): Triebe und Triebschicksale. Studienausgabe Bd. 3. Fischer Taschenbuch Verlag. Frankfurt am Main 1982.

Freud, S. (1923): Das Ich und das Es. Studienausgabe Bd. 3. Fischer Taschenbuch Verlag. Frankfurt am Main 1982.

Freud, S. (1933): Neue Folge der Vorlesungen zur Einführung in die Psychoanalyse. Studienausgabe Bd. 1. Fischer Taschenbuch Verlag. Frankfurt am Main 1982.

Freud, S. (1930): Das Unbehagen in der Kultur. Studienausgabe Bd. 9. Fischer Taschenbuch Verlag. Frankfurt am Main 1982.

Gordon, Thomas: Lehrer-Schüler-Konferenz – Wie man Konflikte in der Schule löst, Heyne Verlag 2004.

Handlbauer, Bernhard: Die Entstehungsgeschichte der Individualpsychologie Alfred Adlers, Geyer-Edition, Wien-Salzburg, 1984.

Harris, Thomas A.: „Ich bin o.k. Du bist o.k.". Rowohlt Taschenbuch Verlag, ISBN 3-499-1616-9.

Heckhausen, Heinz: Motivation und Handeln, 1989, Berlin: Springer, ISBN 3540507469.

Hersey, P. (1986): Situatives Führen.

Kehr, Hugo: Motivation und Volition, 2004, Göttingen: Hogrefe.

Kell, T. (2005): Die Kunst der Führung. Wiesbaden.

Lay, R. (1993): Führen durch das Wort

Lay, Rupert: „Krisen und Konflikte. Ursachen, Ablauf, Überwindung", Heyne, München, 1985.

S. C. Lundin/Harry Paul/Jhon Christensan: Fish! (Ein ungewöhnliches Motivationsbuch).

Maier, Corinne: Die Entdeckung der Faulheit, 2005, ISBN 3442301130.

Mertens, Wolfgang (2004): Psychoanalyse. Geschichte und Methoden. München (C. H. Beck).

Mockler, Marcus: Selbstmotivation, 2004.

Neuberger, Oswald: „Führen und führen lassen", UTB Stuttgart, 2002, völlig neubearb. 6. Aufl.

Pinnow, Daniel F. (2005): Führen – Worauf es wirklich ankommt, Wiesbaden ISBN 3-8349-0016-8.

Pühl, Harald (1998): „Teamsupervision: Von der Subversion zur Institutionsanalyse", Göttingen: V&R.

Pühl, Harald (2000): „Handbuch der Supervision 2", Berlin: Spiess.

Pühl, Harald (2000): „Supervision und Organisationsentwicklung", Opladen: Leske & Budrich.

Pühl, Harald (2002): „Supervision – Aspekte organisationeller Beratung", Berlin: Leutner-Verlag.

Rahn, H. J. (2006): Führung von Gruppen. Gruppenführung mit System, 5. Aufl., Frankfurt/Main.

Rahn, H. J. (2010): Erfolgreiche Teamführung. 6. völlig überarbeitete Aufl., Hamburg. ISBN 978-3-937444-66-6.

Rheinberg, Falko: Motivation, 2004, 5. Aufl., Stuttgart: Kohlhammer.

Rosenstiel, L./von; Regnet, E./Domsch, M. E.(1999): Führung von Mitarbeitern. Stuttgart.

Lutz von Rosenstiel, Walter Molt, Bruno Rüttinger (2005): Organisationspsychologie, Kapitel 7 Führung in Organisationen.

Schmid, Bernd: „Systemische Professionalität und Transaktionsanalyse". Mit einem Gespräch mit Fanita English. EHP, Bergisch Gladbach 2003, 2. Aufl. 2004.

Schmidt, Peter: Die Kraft der positiven Gefühle. dtv, München 2001.

Schmidt, Peter: Scanning. Beluga New Media, Herten 2006.

Schmidt, Rainer (Hrg): Die Individualpsychologie Alfred Adlers, Frankfurt: Fischer TB, 1989.

Schmidbauer, Wolfgang: Persönlichkeit und Menschenführung. Vom Umgang mit sich selbst und anderen. dtv premium im Großformat, 220 Seiten ISBN 3-423-24390-2.

Sprenger, Reinhard K.: Mythos Motivation. Wege aus einer Sackgasse, 1997, 12. Aufl., Frankfurt a.M.: Campus.

Scholz, Christian/Stein, Volker/Bechtel, Roman: Human Capital Management. Wege aus der Unverbindlichkeit, München/Unterschleißheim (Luchterhand) 2004.

Schreyögg, Astrid (2004): Supervision. Ein Integratives Modell. Lehrbuch zu Theorie und Praxis. (4. überarbeitete Aufl.). Wiesbanden: VS Verlag für Sozialwissenschaften.

Steinkellner, P. (2005): Systemische Intervention in der Mitarbeiterführung. Heidelberg. ISBN 3-8967-0347-1.

Stührenberg, Lutz: „Professionelle betriebliche Kommunikation". GABLER, Wiesbaden 2003.

Weibler, J. (2001): Personalführung. München ISBN 3-8006-2675-6.

Zimmermann, K.A. (2000): Kreative Mitarbeiterführung. Eine Anleitung zum Selbsttraining. Falken & Gabler Management, Niedernhausen.

Der Autor

Dr. Erik Müller-Schoppen studierte Psychologie, Pädagogik, Geographie (Schwerpunkt Wirtschaftsgeographie – Geomorphologie) und Theologie in Köln und Bonn, wo er auch das 1. und 2. Staatsexamen ablegte und später über das Thema Erziehungswissenschaften und Psychoanalyse promovierte. Er führt Praxen für Psychotherapie bei Schleswig und am Ammersee.

Seit 1969 entwickelt er Lerntechniken auf der Basis der Montessori-Pädagogik und hielt und hält Vorträge und Seminare als freier Trainer bei großen Konzernen wie Coca-Cola, Hella, VW wie auch mittelständischen Unternehmungen und Institutionen wie Heinemann, Caritas oder der Michael Skopp-Stiftung. Dozenturen und Lehraufträge bei der Österreichischen Gesellschaft für wissenschaftliche Weiterbildung und Fernstudium in Kooperation mit der Akademie für Medizin und Management, Lektorat an der Fachhochschule Salzburg und der German Baltic Management-School begleiten seine Forschungen auf dem Gebiet der Quantenphysikalischen Informationsmedizin. Der Querdenker gehört zu den Erfindern des Infotainments. Seit 2004 war er Gründer und Vorstandsvorsitzender der gemeinnützigen Stiftung Erziehung und Bildung & Wissenschaft und Kultur, die z. B. durch das Pisa-Projekt ganzheitliches Lernen fördert. Er leitete bis 1999 das Bildungszentrum des größten europäischen Naturheilkundefortbildungsinstituts DPS in Düsseldorf.

Neueste Veröffentlichungen sind:

Himmel Erde Flitzeflügel: Metaphysisches Heilen & Spirituelles Coaching. Die Energie der Neuen Zeit.
Zum Glück: 111-mal Innerer Frieden, Glück und Bewusstsein.
Bewusst Sein: Von der Intelligenz des Herzens.
Bufdi werden – Bufdi sein: Handbuch zum Bundesfreiwilligendienst.
Management-Wissen – kompakt. MANAGEMENT-Wissen.

Die Fotografin

Eva Kloss, Jahrgang 1977, Mediengestalterin, langjährige Erfahrung und Führungsposition im Bereich Cross Media Publishing, freiberufliche Fotodesignerin und Psychologische Management Trainerin.

In vielen ihrer Arbeiten nutzt sie die digitale Möglichkeit, die Realität „neu zu gestalten", um auch anderen Menschen verschiedene Sichtweisen und Blickwinkel zu eröffnen.

Coach & Trainer für Business und Management

**Eine Fachausbildung mit Zukunftsperspektive –
für Menschen, die verändern wollen!**

Unsere Fachausbildung zum **„Coach & Trainer für Business und
Management"** macht Sie fit für die Anforderungen, die heute
an einen Trainer gestellt werden.
In neun Modulen erhalten Sie theoretische Grundlagen und praktische
Methoden an die Hand für ein erfolgreiches Trainer- und Coachdasein.

Gehen Sie neue Wege und werden Sie eine psychologisch geschulte
Führungskraft!

Nehmen Sie mit uns Kontakt auf!

EBWK Stiftung
Hindenburgring West 9
97318 Kitzingen
Telefon: 0 93 21/9 25 16 10
E-Mail: info@stiftung-ebwk.de
www.ebwk-stiftung.de